I0567647

DISCLAIMER

The author and publisher are providing this book and its contents on an "as is" basis and make no representations or warranties of any kind with respect to this book or its contents. The author and publisher disclaim all such representations and warranties, including but not limited to warranties of merchantability. In addition, the author and publisher do not represent or warrant that the information accessible via this book is accurate, complete, or current.

Except as specifically stated in this book, neither the author nor publisher, nor any authors, contributors, or other representatives will be liable for damages arising out of or in connection with the use of this book. This is a comprehensive limitation of liability that applies to all damages of any kind, including (without limitation) compensatory; direct, indirect, or consequential damages; loss of data, income, or profit; loss of or damage to property; and claims of third parties.

This Book Offers Free Bonus Puzzles

Available Here:

BestActivityBooks.com/WSBONUS20

5 TIPS TO START!

1) HOW TO SOLVE

The Puzzles are in a Classic Format:

- Words are hidden without breaks (no spaces, dashes, ...)
- Orientation: Forward & Backward, Up & Down or in Diagonal (can be in both directions)
- Words can overlap or cross each other

2) LEVEL UP THE GAME!

A space is provided next to each word to write new ones, translations or notes. We also offer a convenient **NOTEBOOK** at the end of this edition. It can help you organize your annotations, new words and/or observations.

3) TAG YOUR WORDS

Have you tried using a tag system? For example, you could mark the words which have been difficult to find with a cross, the ones you loved with a star, new words with a triangle, rare words with a diamond and so on...

4) EASY TO CUT!

The Puzzles come with an Extra Large margin to easily cut the page out of the book. Some people may feel it more convenient to solve them this way.

5) FINISHED?

Go to the bonus section: **MONSTER CHALLENGE** to find a free game offered at the end of this edition!

Want **more fun** and activities to **relax? It's Fast and Simple!** An entire Game Book Collection **just one click away!**

Find your next challenge at:

BestActivityBooks.com/MyNextWordSearch

Ready, Set... Go!

Did you know there are around 7,000 different languages in the world? Words are precious.

We love languages and have been working hard to make the highest quality books for you. Our ingredients?

One part easy-to-read print, three parts entertainment, then we add some challenging words and a pinch of rare ones. We brew them with care to serve you lots of fun and an opportunity to solve the best puzzles.

Your feedback is essential. You can be an active participant in the success of this book by leaving us a review. Tell us what you liked most in this edition!

Here is a short link which will take you to your Amazon orders review page.

BestBooksActivity.com/Review50

Thanks for your fidelity and enjoy the Game!

Delta Classics Team

Puzzle 1

결	위	관	리	를	이	풍	사	하	나	로	바	제	을	로
장	을	거	션	은	레	받	부	랑	한	카	동	제	느	트
찍	레	북	주	표	굽	카	느	맞	하	은	멸	터	필	도
주	춤	을	추	문	스	전	에	은	짓	는	종	에	을	무
장	발	문	날	동	요	바	질	굽	자	도	다	표	북	리
셀	러	낌	범	도	늘	루	바	소	유	하	십	시	오	에
을	낌	완	스	고	주	럭	견	충	크	도	달	를	장	을
빨	리	료	도	맞	견	셔	젊	분	다	시	굽	컴	받	고
전	를	쌀	아	다	리	리	발	히	필	필	바	대	노	속
너	자	부	들	체	공	적	장	에	온	동	제	주	전	도
운	노	요	행	부	말	셀	초	낌	도	트	질	돌	은	로
돌	북	제	경	을	을	절	점	풍	이	시	범	동	돌	파
을	북	사	공	들	트	전	부	너	느	젊	험	물	발	느
절	어	범	북	셀	문	올	로	적	다	도	카	집	바	주

소유하십시오   아들
시도   초점
사랑하는   관리를
멸종   온도
무리   경제
시험   완료
도달   빨리
하나   충분히
동요   고속도로
럭셔리   제공

Puzzle 2

요	은	동	느	춤	발	를	트	감	풍	러	올	파	부	오
법	에	솔	한	발	의	늘	장	사	람	의	요	거	행	류
람	컴	은	을	측	너	측	용	한	느	션	끔	주	로	노	를
느	춤	레	카	를	끔	트	카	받	바	을	러	바	범	이
용	무	한	에	행	스	체	발	에	자	로	멀	리	이	로
카	레	색	상	은	들	이	아	섹	요	주	리	적	감	을
표	풍	대	스	견	크	풍	절	레	션	느	절	크	건	강
달	추	느	물	를	바	파	의	찍	고	페	이	지	아	인
주	자	트	루	을	의	자	계	올	블	돌	바	어	솔	낌
젊	위	제	말	매	력	책	임	피	린	왕	동	전	부	바
냄	도	한	에	문	더	법	풍	한	진	자	주	견	느	바
동	새	확	산	을	낮	느	느	컴	어	는	도	퓨	션	용
트	절	맡	주	동	은	쌀	쌀	적	주	한	솔	을	트	쌀
풍	젊	부	기	아	버	지	젊	질	장	을	북	젊	맞	트

더 낮은	무례
주장	책임
아버지	건강
섹션	냄새 맡기
아이들은	고블린
주어진	확산을
매력	계피
사람의	색상은
멀리	페이지아인
왕자는	오류를

Puzzle 3

트	발	북	거	법	받	단	주	드	에	람	동	거	문	주
케	이	스	들	은	이	위	머	도	물	트	문	판	사	솔
질	짓	용	이	풍	너	매	니	주	거	게	에	돌	셀	체
들	달	굽	산	책	말	체	위	부	진	실	션	람	문	짓
의	고	부	문	리	은	를	발	동	션	대	질	발	문	용
착	용	발	문	질	동	절	부	주	운	을	컴	문	구	를
견	풍	낌	터	어	머	니	를	을	도	표	솔	한	요	굴
동	맞	트	크	루	굽	를	너	이	운	용	한	받	스	터
한	측	카	을	식	물	날	기	린	안	경	을	발	사	추
날	감	을	필	너	굴	날	을	의	자	터	물	한	바	노
객	체	셀	한	사	을	낌	굽	자	들	파	한	바	올	감
러	을	한	투	풍	장	로	원	노	대	감	로	올	도	를
이	표	추	자	흰	색	탐	북	형	운	션	늘	주	트	늘
그	런	다	음	용	이	바	질	늘	을	질	스	고	돌	를

어머니를 식물
원형을 매체를
탐색 단위
산책 착용
진실 안경
그런 다음 객체
투자 주머니
구매를 기린
드물게 흰색
판사 케이스

Puzzle 4

생	한	을	주	트	해	설	부	올	에	견	한	점	들	트
각	부	따	르	십	시	요	쌀	기	도	문	추	을	수	에
나	적	대	맞	요	여	기	계	공	필	트	체	리	받	를
게	동	낌	레	셀	행	찾	노	범	고	바	풍	위	을	은
하	쌀	로	감	물	로	치	스	굽	북	동	로	터	동	한
십	다	로	돌	러	동	위	람	한	셀	에	달	동	위	부
시	한	리	문	셀	자	낌	동	동	다	요	을	사	짓	람
오	제	짓	이	트	한	쌀	돌	달	물	한	전	비	싼	할
질	날	셀	다	받	바	파	도	합	니	다	사	역	바	당
이	크	사	찍	스	장	추	마	질	측	간	라	범	문	러
부	문	을	단	다	위	감	아	토	끔	느	짐	짓	노	굴
의	크	운	락	동	한	터	감	마	이	풍	을	굴	루	동
다	짓	문	은	리	들	질	물	토	로	짧	한	동	집	발
날	추	달	늘	루	문	찍	을	들	말	범	은	주	공	도

토마토	할당
짧은	파도합니다
점수를	해설
사라짐	공기
따르십시오	부대
생각나게 하십시오	위치 찾기
단락	아마도
기계공	역사
체리	여행
간다	비싼

Puzzle 5

```
흥 노 루 낭 궁 금 해 프 루 분 식 사 한 너 너
이 미 북 결 비 크 를 로 돌 표 추 한 도 굴 고
날 거 로 한 북 셀 용 그 을 굽 굽 크 들 주 래
찍 로 를 운 강 하 가 램 컴 은 카 퓨 범 어 용
체 공 자 주 맞 감 을 을 문 를 체 질 법 주 행
도 아 니 다 내 테 야 용 을 한 동 을 은 문 러
표 어 거 자 레 러 망 러 올 전 문 장 거 트 크
다 위 동 격 이 스 동 동 물 은 제 맞 표 너 늘
셀 물 주 이 터 셀 를 컴 판 개 로 질 거 체 을
문 을 느 고 용 의 을 출 끔 감 끔 바 의 도 컴
물 퓨 리 의 크 의 용 느 한 집 션 바 파 도 문
전 쟁 크 은 션 달 을 걸 춤 음 력 리 달 용 의
장 굴 문 은 거 솔 춤 림 유 주 다 발 동 절 발
로 발 동 위 바 러 질 새 령 부 레 날 이 트 발
```

전쟁	야망
흥미로운	고래
테러	걸림새
낭비	분식사
출판물	고용의
궁금해	을 얻
물개	자격이
도 아니다	유령
강하가	음력
내레이터	프로그램을

Puzzle 6

젊 필 리 슬 공 요 터 느 레 절 함 이 용 감 문
장 발 한 라 집 두 날 솔 낌 루 문 점 행 람 물
로 춤 견 이 움 도 려 카 찍 트 동 전 법 한 집
춤 터 에 드 젊 동 느 워 한 찍 도 대 은 를
다 한 로 자 의 라 어 공 결 질 질 파 바 리 자
한 주 바 받 춤 즈 퓨 트 을 이 부 리 말 북
운 바 이 을 문 베 문 한 거 트 토 익 다 숙 한
파 미 케 을 추 리 감 받 노 주 양 체 절 느
문 솔 스 커 플 진 사 신 용 자 주 전 정 트 위
너 오 굴 터 용 스 로 필 낌 사 의 체 정 범 자
루 렌 들 에 리 파 필 트 은 리 성 체 은 추 을
동 지 스 포 츠 위 은 셀 동 문 달 감 은 말 트
알 고 되 는 어 바 레 바 리 다 문 끔 말 은 끔
카 운 굽 컴 부 용 고 젊 사 법 맞 로 끔 주 트

전체	감사
라즈베리	정체성
익숙한	도움이
사진	용이함
스포츠	구입
알고되는	스케이트
신사	오렌지
토양주의	커플
미스터리	이점
슬라이드	두려워

Puzzle 7

결	주	찍	문	감	제	바	범	문	토	을	크	범	컴	에
연	설	쌀	에	한	문	반	굴	론	발	달	문	한	도	
물	법	자	다	굴	트	체	달	상	풍	자	절	은	트	크
을	쌀	을	찍	의	자	질	스	황	무	시	춤	터	범	발
을	끔	문	낌	동	솔	솔	리	의	느	발	카	돌	전	이
표	루	질	들	거	안	락	한	시	날	명	자	부	을	컴
느	자	측	달	한	한	은	용	금	허	한	제	한	트	리
동	들	너	포	문	운	말	치	행	가	용	결	주	을	
졸	업	생	인	발	레	물	올	쌀	운	법	받	동	맞	측
젊	를	요	트	문	한	적	부	것	입	니	다	맞	사	다
경	한	필	루	마	자	람	션	끄	맞	스	말	파	리	체
고	견	개	우	지	파	을	제	루	러	한	느	헛	도	도
나	무	껍	질	막	다	로	을	체	트	워	도	바	간	트
필	은	부	동	다	로	거	쌀	측	리	말	견	을	행	

나무 껍질	발명
지우개	마지막
토론	허가
졸업생	헛간
트리	경고
상황의	안락한
부끄러워	연설
시금치	것입니다
무시	의자
포인트	절반

Puzzle 8

부 이 레 이 스 긴 낌 솔 달 풍 이 북 위 한 감
이 질 루 맞 덱 급 문 끔 적 발 낌 한 파 표 굴
표 낌 체 다 인 상 항 인 굴 트 돌 다 파 루 필
동 을 용 결 바 황 발 간 어 감 대 질 자 동 너
용 자 너 날 이 결 솔 자 범 부 쌀 적 밝 은 이
찍 절 망 부 도 터 감 달 부 여 기 느 결 위 요
이 느 이 요 소 끔 원 어 위 행 사 기 금 당 을
말 공 바 거 리 대 형 주 소 을 를 행 올 나 발
업 하 도 발 다 쌀 다 개 인 적 으 로 한 귀 바
도 데 는 로 말 법 끔 트 주 문 의 굴 를 한 주
견 은 이 질 공 레 체 트 절 를 날 의 실 은 주
건 측 카 트 춤 을 너 결 도 레 트 로 제 고 느
다 강 견 찍 질 질 운 의 람 젊 의 쌀 법 어 동
측 은 한 한 법 동 루 굴 날 람 체 루 용 노 동

건강한	여행을
말하는	개인적으로
주소	행위
긴급 상황	레이스
소리	기금
인덱스	인간
실제	원형
업데이트	당나귀
밝은	기사를
항상	절망

Puzzle 9

젊	적	스	느	발	문	은	굽	문	집	측	예	운	결	리
셀	부	노	추	춤	을	리	자	체	로	질	술	필	말	관
용	견	드	요	말	느	문	의	러	터	주	가	경	험	리
용	문	롭	한	발	맞	질	찍	자	제	한	젊	쌀	문	메
을	들	위	트	자	센	느	의	체	다	날	한	법	용	뚜
응	시	짓	동	운	질	터	물	문	받	바	동	에	추	기
비	행	기	동	모	기	노	는	러	은	북	끔	의	거	질
은	고	전	루	모	크	이	어	거	요	말	쌀	끔	도	육
용	고	느	체	하	의	부	모	의	버	트	문	자	에	군
문	장	질	거	작	이	행	결	동	터	은	로	필	로	파
받	트	파	굽	성	돌	라	올	행	찍	에	절	체	트	고
이	전	용	제	자	부	야	이	서	어	싶	컴	은	한	쌀
바	바	로	바	표	찍	러	자	트	정	착	민	사	레	션
은	받	견	퓨	추	거	초	대	쌀	트	달	돌	돌	레	다

싶어서이야	하이라이트
스노드롭	버터
메뚜기	관리
모기	부자
작성자	부모의
모의	경험
센터는	비행기
초대	육군
정착민	응시
예술가	전용

Puzzle 10

노	범	교	느	로	받	자	젊	한	캥	건	받	장	부	도
로	올	쌀	사	끔	솔	동	행	성	거	어	물	컴	감	용
다	이	측	동	들	추	집	운	공	루	문	보	달	발	감
올	필	트	끾	쌀	행	돌	러	원	덮	개	인	트	트	트
체	위	트	물	북	들	바	로	도	달	표	다	제	범	부
주	들	끾	동	들	다	젊	받	한	한	초	스	에	다	다
충	자	한	파	한	끾	장	결	의	에	기	크	쿠	공	물
주	분	은	느	용	동	오	늘	밤	느	문	을	터	질	리
달	려	있	으	십	시	오	거	부	집	발	트	위	을	적
문	트	파	맞	바	의	트	발	범	발	적	이	생	표	은
요	부	요	람	견	한	에	로	질	춤	은	도	용	을	높
자	한	람	결	컴	한	발	돌	짓	동	도	동	한	신	의
위	주	동	법	자	굴	주	추	바	측	퓨	이	문	자	측
노	끾	어	투	명	한	돌	짓	절	느	션	측	동	장	측

생산은
물리적
보인다
달려 있으십시오
높은
캥거루
오늘 밤
투명한
덮개
자신을

초기
행성
건물
교사들
스쿠터
충분
도용을
윈도우
보트
요람

Puzzle 11

문	앞	컴	운	사	을	문	과	퍼	맥	컴	검	쌀	을	측
주	찍	치	에	이	전	트	학	짐	다	주	출	전	통	동
트	집	한	마	을	추	사	자	바	문	도	한	필	결	손
들	절	다	을	주	장	거	쌀	재	컴	크	사	레	션	가
녹	색	을	들	사	어	를	은	미	쌀	자	도	크	올	락
파	행	인	북	기	너	질	굴	레	젊	문	발	리	문	느
표	찍	스	물	범	대	법	을	바	평	로	트	에	레	춤
에	문	턴	솔	물	달	풍	문	돌	결	문	은	이	고	요
추	크	트	한	위	자	을	요	터	질	쌀	절	션	퓨	운
에	컴	부	한	늘	바	한	적	동	의	로	트	다	필	도
솔	운	부	러	전	용	늘	측	측	고	람	은	동	노	터
노	트	러	젊	페	이	를	포	함	하	여	전	노	은	동
비	교	부	자	이	표	대	용	하	늘	의	질	충	분	한
쌀	문	문	노	스	부	젊	노	위	바	트	크	문	짓	적

전통	도발
손가락	앞치마
에이전트	검출
페이스	비교
하늘의	레크리에이션
맥주	기대
평결	충분한
녹색을	를 포함하여
퍼짐	재미
인스턴트	과학자

Puzzle 12

한	바	발	주	법	말	동	고	동	아	름	다	운	대	문
문	러	을	을	전	주	대	습	기	너	어	트	너	를	끔
레	단	위	북	비	자	굴	도	부	달	이	제	대	컴	발
고	주	순	크	레	한	저	치	여	얼	모	험	한	받	대
이	퓨	끔	화	텔	집	날	어	위	음	은	말	카	셀	터
운	말	문	리	표	을	제	동	이	한	트	자	올	체	사
토	끼	를	했	다	컴	고	한	쌀	결	집	춤	발	대	집
리	너	기	느	트	법	백	끔	바	태	추	동	너	고	이
찍	문	야	웅	장	한	짓	발	문	도	행	문	끔	용	쌀
바	공	이	집	이	솔	스	카	표	춤	고	날	자	절	맞
다	파	파	격	정	질	말	트	나	쌀	표	다	들	위	문
너	측	스	동	질	찍	동	문	무	을	도	른	거	터	부
긍	정	적	인	거	을	션	용	이	바	이	사	문	바	션
거	솔	크	확	바	끔	크	의	다	이	끔	람	올	느	은

텔레비전
나무
웅장한
고슴도치
토끼를했다
모험
다른 사람
주전자
아름다운
걱정

고백
고용
얼음
확인
긍정적 인
이야기를
단순화
동기부여
태도
저자

Puzzle 13

파	어	퓨	은	문	제	물	부	부	문	대	보	루	쌀	견
이	인	재	생	주	로	절	물	다	사	질	장	러	느	필
느	동	애	결	제	적	검	사	됨	장	들	너	다	을
감	좁	로	플	고	한	올	찍	생	한	대	너	윈	람	스
말	은	안	아	용	바	레	질	각	터	구	조	돌	로	로
발	물	달	크	수	에	짓	병	나	들	끔	고	솔	수	머
받	바	자	낌	요	한	돌	올	게	견	범	다	교	이	그
너	다	풍	쌀	일	파	슬	리	합	스	측	발	측	행	잔
느	스	한	스	적	제	굽	바	니	을	느	손	부	질	트
문	어	노	폰	춤	운	로	채	다	러	레	파	실	공	공
넥	타	레	지	한	물	로	짓	요	바	솔	컴	견	파	노
부	어	올	컴	적	사	주	너	의	사	용	노	찍	날	을
결	사	대	추	문	루	레	너	리	크	러	들	은	한	즐
거	솔	솔	낌	공	션	바	머	장	올	트	레	요	한	길

을 즐길   파슬리

좁은   검사됨

생각나게 합니다   안아

스폰지   보장

파인애플   교수

너머   다채로운

질병   구조

손실   왼쪽

넥타   머그잔

수요일   재생

Puzzle 14

인	식	에	계	정	느	을	주	주	고	문	젊	어	문	컴
레	모	네	이	드	노	다	카	요	너	느	적	딘	러	셀
에	날	람	북	법	체	사	제	올	션	설	전	가	레	물
고	견	젊	자	절	을	전	약	어	행	용	명	에	레	너
공	리	스	늘	범	표	문	람	찍	이	한	부	서	한	질
끔	한	사	문	장	결	을	공	을	돌	동	필	을	를	한
회	바	도	보	로	문	결	측	자	람	한	물	낌	게	트
화	다	셀	셀	션	어	사	발	행	따	컴	동	행	무	대
도	자	트	들	을	위	대	찍	올	뜻	말	주	측	트	적
게	날	말	발	날	필	은	동	젊	한	질	더	션	늘	리
맙	프	레	스	거	느	를	수	이	바	터	나	주	바	결
고	립	하	는	리	맞	로	체	줍	동	이	은	한	트	다
물	부	용	행	고	한	발	열	대	음	동	자	올	사	감
감	제	찍	러	전	통	저	장	리	동	동	의	질	사	은

어딘가에	열대
설명서를	프레스
인식에	약어
따뜻한	계정
고립하는	고맙게도
무게를	수줍음
더 나은	고통
도보로	회화
바다	레모네이드
거리	저장

Puzzle 15

감 다 컴 발 공 름 이 감 사 동 유 날 루 레 러
박 쥐 동 짓 션 요 해 이 받 찍 표 죄 여 짓 대
쌀 분 작 느 법 추 을 전 공 대 교 실 하 특 정
트 명 합 느 은 고 선 샤 인 고 한 올 대 지 추
운 히 니 대 통 령 을 위 트 위 낌 장 에 부 만
한 범 다 리 용 부 위 트 동 꼼 셀 부 을 션 물
션 라 일 락 적 너 일 트 일 춤 쌀 솔 늘 너 필
집 끔 션 의 컴 너 정 사 한 발 용 공 공 한 발
트 장 바 짓 케 터 을 공 의 필 추 카 북 리 문
필 도 참 차 행 이 스 요 이 레 컴 트 느 견 문
사 부 가 가 컴 집 지 크 문 너 표 측 느 동 느
적 젊 자 워 에 굽 주 러 럽 쌀 을 요 견 트 대
동 노 한 을 느 주 은 들 한 바 측 동 사 터 체
은 적 범 행 적 올 동 요 컴 문 위 다 도 받 루

대통령	라일락
동일한	필사적
동작합니다	고위
선샤인	교실
차가워을	분명히
참가자	유죄하지만
특정	이름
박쥐	일정
스크럽	이해
에 대하여	케이지

Puzzle 16

동	짓	젊	바	한	오	필	다	절	받	감	주	자	용	날
풍	선	개	구	측	른	유	채	과	야	채	의	주	동	달
동	을	체	니	포	쪽	람	너	러	쉬	범	출	혈	주	늘
루	바	견	질	도	흔	문	에	션	춤	느	느	중	쌀	이
늘	을	셀	다	를	들	카	적	너	문	추	중	질	트	결
도	한	표	표	젊	기	트	시	장	도	풍	범	터	급	이
느	달	셀	부	셀	에	굽	끔	요	춤	러	제	급	자	로
흔	올	은	고	로	어	을	셀	돌	다	언	거	동	달	굴
들	운	용	추	용	정	콤	친	절	한	어	주	동	솔	을
림	달	용	을	너	솔	착	팩	돌	말	끔	너	레	춤	은
달	장	질	사	달	스	전	하	트	문	부	도	동	느	동
범	굴	표	습	늘	퓨	의	트	는	문	자	트	풍	어	부
끔	쌀	터	이	문	전	절	장	카	을	마	이	너	다	제
위	말	부	전	쌀	춤	주	의	돌	법	크	느	아	쌀	용

포도를	유채과야채의
러쉬	아이
말한다	친절한
오른쪽	언어
중앙	바구니
마이너	출혈
시장	콤팩트
풍선	흔들기
개선	정착하는
사슴이	흔들림

Puzzle 17

합	부	은	문	자	문	문	공	개	보	범	부	굴	바	들
도	계	달	팽	이	범	요	이	발	내	필	장	대	맞	로
문	북	컴	트	크	로	커	스	표	기	카	한	노	침	은
날	체	춤	사	회	으	감	날	범	러	문	꺼	짐	묵	에
을	노	문	를	을	식	날	체	리	굴	굴	로	공	을	한
행	주	트	한	낌	형	페	이	지	를	레	은	을	유	어
굽	위	보	말	크	로	트	풍	부	바	행	쌀	동	필	한
쌀	행	여	둘	다	흥	분	하	는	발	맞	발	이	발	문
동	을	준	전	부	적	회	문	주	명	을	을	한	레	은
용	부	물	람	일	회	용	트	를	이	로	션	문	다	늘
권	느	이	제	돌	도	질	찍	도	로	한	문	도	람	트
제	한	지	금	문	용	너	발	컴	동	추	측	도	달	바
대	리	고	급	스	러	운	부	한	파	춤	퓨	용	주	한
결	영	대	적	젊	너	낌	한	리	한	필	을	트	대	트

달팽이   합계
보여준   개발
지금   영리한
형식으로   일회용
사회   둘 다
페이지   공유
크로커스   침묵
고급스러운   흥분하는
보내기   권한
발명이   꺼짐

Puzzle 18

백	다	무	민	받	부	질	압	파	질	위	동	법	한	을
루	만	서	너	으	자	사	력	도	젊	행	들	을	노	의
발	받	워	한	도	십	측	받	행	발	자	동	쌀	주	솔
바	흰	문	찍	행	솔	시	적	끔	물	문	터	짓	카	어
한	족	부	춤	끔	한	터	오	말	했	다	절	한	다	절
춤	제	표	됨	문	범	동	끔	말	끔	표	전	레	특	바
로	비	수	송	말	스	람	로	질	질	주	특	별	대	표
전	문	적	전	스	대	컴	다	말	말	한	대	트	카	을
용	퓨	짓	불	안	함	공	기	록	학	은	카	을	자	적
을	용	전	발	트	발	식	체	루	짓	이	자	절	절	어
동	물	견	러	루	자	젊	늘	생	바	존	파	적	들	고
이	회	트	발	한	도	로	체	늘	춤	고	트	적	사	달
동	의	요	레	을	다	터	필	사	바	한	도	들	사	다
다	협	달	문	너	이	에	사	추	한	발	범	자	컴	운

핸들을   학교
말했다   백만
생존   동의
불안함   협의회
특별   압력
수송   공식
흰 족제비   기록
민으십시오   적절한
부족한   무서워
동물   전송됨

Puzzle 19

너 로 동 몬 그 림 자 크 필 초 돌 너 패 턴 겁
장 끔 카 스 체 터 퓨 어 굽 상 핀 발 장 한 쟁
맞 러 운 터 용 용 키 장 문 화 의 트 풍 로 이
이 대 질 아 필 바 어 도 어 컴 셀 용 쌀 감 대
물 물 집 공 레 거 만 말 부 한 결 한 크 갑 카
을 날 발 부 대 나 동 족 부 늘 문 러 부 자 드
굽 퓨 주 올 쌀 위 을 부 어 을 동 제 받 기 측
끔 트 문 북 솔 리 배 로 감 한 리 쌀 이 춤 춤
행 퓨 화 필 퓨 장 우 보 인 레 법 레 문 주 대
거 표 은 후 보 고 달 한 발 사 굴 범 말 셀 로
동 질 셀 레 어 쌀 바 지 북 발 도 감 기 대 문
다 깨 스 발 용 결 루 도 북 대 대 람 쌀 셀 동
카 깟 자 도 북 의 문 로 체 굴 한 달 문 퓨 집
굽 한 약 동 발 비 용 문 어 바 법 질 행 로 집

레인보우	바지
몬스터	배우
터키	돌핀
만족	카드
그림자	후보
패턴	약한
아레나	갑자기
문화	비용
감기	초상화
겁쟁이	깨끗한

Puzzle 20

안	문	동	부	로	오	늘	느	트	북	로	말	찍	자	표
녕	버	동	느	사	동	디	문	공	문	상	자	물	이	견
하	스	바	한	쌀	루	션	범	컴	밀	도	배	에	범	
세	를	부	문	이	전	에	법	을	임	게	최	우	돌	퓨
요	용	다	끔	을	파	기	계	에	의	존	고	다	측	한
풍	터	범	표	서	문	용	동	쌀	류	퓨	기	은	를	문
결	수	영	장	체	부	달	추	한	종	를	록	동	돌	러
감	체	로	말	부	적	법	운	람	부	로	루	체	지	젊
리	올	트	끔	슈	요	이	굽	굴	도	리	결	로	미	행
러	발	로	말	끔	레	은	춤	한	행	스	굴	스	이	동
욕	망	을	이	말	제	우	흔	들	었	다	루	범	죄	리
자	춤	컴	한	을	추	바	러	측	체	로	바	질	적	풍
람	러	동	자	맞	범	컴	퓨	터	조	동	자	바	용	을
찍	찍	한	운	적	을	절	거	동	각	솔	도	리	찍	퓨

안녕하세요
상자
서부
배우다
최고 기록
이미지
슈레우
수영장
밀도
컴퓨터

기계에 의존
오디션을
범죄
게임을
욕망을
흔들었다
이동
조각
버스를
종류의

Puzzle 21

범	죄	는	한	다	찍	동	맞	위	주	전	속	력	으	로
의	은	트	카	절	낌	올	용	험	거	러	거	굴	쌀	람
굽	한	어	동	측	오	시	십	하	정	예	대	을	춤	꼼
퓨	특	히	자	젊	바	공	발	게	느	필	동	망	바	동
발	동	쌀	을	짓	찍	체	공	에	새	스	도	유	치	측
을	은	동	견	월	자	동	견	두	로	집	어	용	에	동
람	끔	돌	은	요	도	저	요	모	운	부	전	한	간	범
용	트	레	적	일	질	질	녁	끔	날	고	컴	송	이	러
법	고	의	를	은	을	짓	로	느	바	늘	리	동	엇	풍
를	풍	문	다	노	장	질	은	셀	유	체	표	을	무	풍
자	행	숨	어	단	순	한	행	지	체	추	고	기	를	맞
람	자	기	이	주	찍	들	들	의	시	한	법	자	들	장
도	느	기	운	느	션	표	끔	북	켜	장	은	발	람	물

전송이
망치
특히
유용한
월요일은
무엇이든간에
용어집
유지시켜
버스
고기

전속력으로
위험하게
모두에게
숨기기를
새로운
예정하십시오
저녁
범죄는
단순한
은행

Puzzle 22

늘 질 신 에 정 찍 견 대 채 포 에 굽 를 스 결
굽 늘 장 문 가 장 자 리 택 크 주 늘 주 부 느
보 들 올 낌 적 루 도 로 받 컴 람 위 러 포 끔
은 앉 늘 레 적 발 너 굽 주 로 감 측 포 도 동
다 너 다 했 분 흥 동 도 한 스 점 개 도 스 위
소 조 가 표 노 절 물 카 쌀 문 심 최 주 적 이
강 용 절 은 한 거 올 법 적 필 식 되 적 을 을
쌀 서 문 로 공 크 선 중 복 다 집 었 전 부 장
동 이 에 이 사 도 노 자 제 문 날 다 한 장 받
주 들 을 사 제 받 한 날 을 너 풍 은 을 순 절
노 럽 질 젊 이 동 범 자 로 집 고 자 순 환 주
클 말 감 문 로 짓 구 날 다 짓 이 환 주 은 에
올 올 범 동 찍 부 을 쌀 부 돌 주 이 환 은 에
로 올 을 문 추 감 들 다 문 의 부 발 표 용 동

점심 식사
개최되었다
중복
농구
신문
순환
포도
문장
포크
가장자리

사이에서
채택
가정
강조
위험이
흥분했다
소스가
이사
보았다
클럽

Puzzle 23

느	동	맞	수	찍	위	주	예	세	부	부	체	을	달	받
이	느	크	퓨	행	레	먼	술	번	적	주	트	사	동	체
발	문	발	퓨	로	굴	지	의	째	치	크	법	끔	람	거
노	트	로	바	파	고	투	에	자	정	절	들	러	바	한
션	돌	루	어	사	노	성	레	질	확	짓	루	전	자	견
결	로	동	범	떤	부	이	쉬	운	한	봉	바	주	집	부
찍	측	사	자	바	주	측	장	리	솔	사	용	인	에	범
을	요	과	람	주	절	요	요	거	주	의	자	어	크	여
쌀	블	를	발	을	견	북	은	자	결	문	결	로	러	성
은	셀	록	북	다	람	실	집	젊	가	적	은	주	너	쌀
고	을	루	금	입	구	현	있	었	다	위	원	회	인	답
한	오	느	늘	적	한	루	찍	견	게	필	올	다	식	장
굴	류	거	레	주	문	위	부	사	운	파	솔	자	다	동
주	춤	너	달	말	사	람	느	문	위	문	감	도	셀	발

게다가   예술의
먼지 투성이   있었다위원회
금입구   오류
쉬운   여성
수행   블록
실현   용인
답장   정치적
세 번째   정확한
봉사   인식
어떤   사과를

Puzzle 24

공	운	동	날	파	부	추	바	추	동	추	동	자	찍	파
러	다	부	위	문	장	요	부	젊	쌀	은	젊	운	은	일
킬	끔	문	를	은	늘	짓	꿀	주	드	한	얼	북	굴	치
스	라	소	니	종	종	요	컴	벌	래	질	한	퓨	질	용
리	질	재	사	용	가	능	타	행	곤	춤	주	퓨	파	카
릴	포	동	맞	꼼	사	트	원	크	동	말	제	트	느	로
한	스	행	스	도	회	부	형	늘	문	해	솔	착	상	한
로	트	을	질	을	질	의	스	문	요	적	너	대	수	고
오	올	화	에	주	요	질	을	고	이	용	노	전	문	측
후	다	창	대	문	주	다	추	법	주	에	동	끔	너	솔
컴	견	한	필	레	문	측	부	루	어	도	개	구	리	달
굽	고	절	맞	느	너	행	질	부	견	주	위	풍	트	발
트	고	어	발	부	날	질	부	견	동	을	풍	부	부	위
들	굽	행	동	돌	트	루	급	찍	집	다	에	풍	위	위

꿀벌
종종
포스트를
상수
화창한
스라소니
말해
재사용 가능
릴리스
스킬

회사가
타원형
도착
얼굴
공급
개구리
드래곤
오후
위에
일치

Puzzle 25

어	디	소	지	상	바	한	물	한	거	레	가	파	끔	이
트	동	심	한	받	은	북	람	바	질	종	이	를	한	문
집	을	한	기	관	사	한	션	낌	한	트	레	흐	운	클
자	용	평	복	구	루	젊	셀	너	노	파	플	린	말	립
춤	카	화	너	제	집	한	바	바	끔	견	컴	동	끔	정
발	공	로	들	범	체	필	주	은	고	이	쌀	컴	레	치
추	션	운	공	올	문	동	끔	쌀	느	주	요	요	부	의
동	쌀	퓨	사	느	도	끔	어	범	추	무	느	전	발	동
서	비	스	를	쌀	주	바	발	전	를	동	효	이	물	바
짓	찍	은	너	거	피	트	을	느	찍	용	규	함	질	람
끔	발	문	법	짓	말	아	에	집	절	받	칙	문	자	속
주	느	트	말	다	파	필	노	도	빨	감	동	표	을	이
부	나	너	공	동	운	레	자	거	강	매	력	적	인	기
끔	한	비	을	받	드	터	운	한	노	너	리	은	절	로

파운드	복구
피아노	무효함
종이	어디
나비	서비스를
지상	빨강
클립정치의	기관
평화로운	흐린
플레이가	매력적인
속이기	규칙
물질	소심한

Puzzle 26

바	범	솔	전	크	체	필	박	행	의	문	전	파	전	견
로	크	추	북	너	위	터	물	트	컴	쌀	자	필	퓨	문
북	솔	공	적	람	젊	발	관	솔	매	달	줄	이	기	요
로	동	문	적	퓨	용	고	은	맞	엘	듭	늘	트	집	젊
주	어	굽	를	한	레	도	남	고	프	선	한	말	소	범
집	람	요	로	풍	을	받	쪽	사	레	쌀	디	록	원	한
바	람	문	질	적	리	발	한	퓨	절	터	얼	동	보	컴
자	주	받	부	끔	날	너	말	적	도	이	크	풍	동	존
문	바	느	부	자	문	느	를	동	주	범	늘	요	풍	션
수	자	찍	춤	표	터	보	쌀	이	거	느	요	느	동	동
영	컴	허	수	아	비	라	이	클	링	카	발	동	발	공
다	법	발	은	날	굽	사	달	장	러	동	늘	달	동	은
너	견	열	너	퓨	도	짓	끔	발	달	늘	달	늘	발	발
동	안	지	루	말	받	한	각	종	물	을	자	을	을	을

종료

지루

남쪽

소원

매듭

수영

보라색

허수아비

얼룩말

줄이기

사이클링

동안

발열

각종

보존

아직

선디얼

공적

박물관은

엘프

Puzzle 27

```
루 사 한 로 카 으 어 견 로 이 원 트 표 로 정
도 트 바 질 질 르 법 장 않 모 하 춤 발 주 도
동 적 퓨 견 추 령 바 문 습 들 는 노 도 바 바
적 스 행 표 한 을 터 결 니 운 문 트 맞 위 늘
한 어 제 대 체 어 상 상 다 정 노 루 칵 동 문
추 파 카 터 부 전 도 태 이 확 고 객 테 쌀 다
느 가 콘 텐 츠 노 짓 편 자 성 굽 돌 일 람 션
물 기 연 퓨 질 셀 한 집 직 원 문 전 카 집 쌀
발 달 트 습 부 표 바 을 대 문 늘 셀 적 사 달
느 짓 추 굴 너 추 터 굴 도 부 람 법 발 춤 춤
를 추 춤 돌 제 감 풍 대 문 셀 을 표 트 자 자
노 추 말 을 필 동 은 수 도 바 너 문 바 쌀 쌀
젊 문 느 견 노 로 스 신 쌀 셀 한 낌 고 고 트
정 보 를 한 문 문 바 한 느 주 주 솔 질 추 트
```

으르렁	감동
상상	추가
칵테일	고객
상태	정보를
직원	어제
수신	연습
물기	정확성
않습니다	원하는
편집	이모
콘텐츠	정도

Puzzle 28

시	에	공	다	카	필	은	감	운	적	한	늘	너	맞	말
풍	제	필	굴	를	느	운	받	절	이	전	거	크	운	동
늘	범	달	이	리	부	질	한	리	터	체	파	주	동	바
공	격	운	동	말	결	주	라	굴	발	법	용	필	추	대
말	솔	어	두	꺼	운	주	졸	이	에	날	주	찍	문	느
집	결	느	맞	절	자	연	린	리	브	솔	컴	도	감	북
잠	금	쪽	굽	집	요	북	공	문	주	러	기	쓰	한	크
다	도	이	주	황	색	거	문	제	지	침	리	다	한	에
질	쌀	든	을	질	자	대	늘	너	을	제	달	를	루	따
달	리	물	한	다	위	절	굽	한	끔	말	견	요	공	라
이	노	적	자	적	위	발	받	추	절	전	를	찍	동	서
한	카	동	문	완	컴	한	북	은	발	절	돌	한	절	맞
끔	짓	주	공	날	전	적	레	을	바	터	장	견	적	합
집	요	문	요	로	춤	히	너	받	한	기	쁘	게	보	다

졸린	라이브러리를
적합	문제
따라서	쓰기
주황색	공격
어느 쪽이든	두꺼운
지침	달리기
기쁘게보다	잠금
완전히	이전
시제	자연
다리	자위

Puzzle 29

네 카 무 동 결 굴 을 재 킷 발 올 노 한 어 집
위 트 기 루 한 리 도 필 찍 법 제 한 자 동 너
말 어 워 유 지 보 수 터 자 굴 바 노 더 도 바
위 험 한 크 춤 주 늘 굴 낌 부 스 사 측 예 낌
로 제 어 용 레 고 어 달 추 적 카 부 드 바 쁜
주 깨 대 다 요 한 션 를 자 에 절 러 롭 늘 질
질 어 쩌 면 한 범 트 맞 펜 체 쌀 공 루 말 도
를 느 젊 느 루 레 제 선 싱 공 위 루 을 로 늘
도 터 자 고 제 리 발 물 거 적 느 공 동 람 문
완 벽 한 감 외 굽 문 용 거 장 레 이 견 굽 루
문 리 자 이 터 카 을 제 문 동 루 물 낌 위 견
경 우 에 만 돌 은 점 고 문 깔 말 의 집 춤 달
을 어 표 돌 러 동 들 수 측 끔 물 양 발 느 표
물 건 다 동 크 트 컴 파 바 한 솔 모 의 가 자

제외	깔끔한
경우에만	더 예쁜
선물	드롭
물건	어깨
무기	네트워크
어쩌면	추적
유지 보수	위험한
펜싱	완벽한
모양의	점수
모의가	재킷

Puzzle 30

```
스 체 끔 로 퓨 트 들 문 부 카 후 굴 올 사 검
파 로 를 결 쌀 운 도 은 발 드 추 결 체 다 스
이 한 쌀 도 부 공 표 카 셀 질 러 콥 리 파 헬
더 늘 카 트 짓 찍 부 한 질 다 둘 운 측 에 파
이 제 까 지 도 발 을 요 법 도 서 동 물 원 을
비 견 터 사 람 춤 절 문 은 바 스 집 말 춤 짓
타 기 대 하 는 한 절 을 이 범 말 애 미 는 끔
민 을 크 결 로 느 안 인 정 했 키 쌀 이 말 컴
은 낌 날 느 로 체 전 제 스 다 쌀 이 동 은 표
요 셀 날 션 부 춤 다 한 쌀 추 터 은 굽 은 물
표 적 로 넣 물 션 스 느 어 부 존 바 바 고 제
로 문 물 어 발 사 파 자 늘 한 재 이 로 자 끔
로 바 동 공 거 트 클 트 주 체 하 춤 끔 짓 표
주 문 위 법 쌀 크 문 을 을 거 는 범 행 로 풍
```

제안	미는
스파클	서둘러
부드러운	기대하는
넣어	동물원을
애완 동물	안전한
인정했다	검사
존재하는	후추
헬리콥터	비타민은
사다리에	이제까지
스키	스파이더

Puzzle 31

태	급	을	부	리	표	은	스	고	를	문	북	매	달	당
한	워	료	스	마	트	느	위	추	감	진	운	화	대	신
체	라	짐	금	위	고	적	용	범	말	짜	이	노	느	느
동	플	한	지	부	려	은	측	굴	문	늘	느	질	자	너
위	리	달	동	필	자	적	은	물	의	레	요	로	젊	굴
거	콜	실	너	짓	동	루	을	대	의	동	날	굴	쌀	의
부	굴	한	험	표	에	고	터	올	달	한	파	플	비	도
입	자	솔	도	용	펠	트	끔	쌀	젊	람	젊	리	율	춤
카	용	문	션	을	자	감	부	너	명	풍	끔	퍼	행	한
바	감	이	굽	결	동	빨	간	색	예	감	굴	앤	이	캠
부	고	로	젊	운	무	추	도	적	롭	히	한	티	한	프
을	돌	날	용	측	당	이	동	대	게	트	한	크	파	범
사	이	굴	대	트	벌	파	올	동	루	한	거	젊	발	너
짓	찍	동	체	요	레	달	문	견	바	노	터	필	적	돌

플리퍼	명예롭게
진짜	급료
앤티크	비율
매화	캠프
빨간색	무당 벌레
당신	금지
실험	태워짐
펠트	히트
콜리플라워	입자
고려	스마트

Puzzle 32

확	자	다	대	젊	어	말	질	은	문	에	도	호	그	을
바	장	쌀	학	전	견	문	동	로	목	크	쌀	기	들	심
제	목	을	원	을	레	가	파	에	소	파	한	느	풍	이	로
느	달	을	콘	도	르	능	전	파	리	날	쌀	들	이	로
자	북	집	제	감	견	성	추	달	받	자	북	도	주	체
주	물	자	를	적	을	이	낌	한	용	에	한	의	요	러
표	굽	운	한	절	적	부	추	동	감	다	위	늘	늘	러
을	한	짓	말	을	대	바	환	견	션	받	바	러	필	굴
운	북	평	야	의	급	행	경	바	한	물	올	끔	보	거
동	한	너	요	술	를	한	트	랍	주	들	질	한	고	루
바	이	물	부	대	를	질	문	니	표	을	표	이	짓	감
트	적	로	버	스	늘	늘	트	다	농	을	문	용	받	공
지	네	컬	전	를	의	맞	용	주	담	동	짓	부	트	받
굽	공	바	표	한	말	스	문	느	에	로	관	계	를	젊

호기심	버전
관계를	환경
지네	평야의
로컬	확장
농담	부추
바랍니다	그들
부적절한	가능성이
대학원	콘도르
보고	목소리
제목을	급행

Puzzle 33

의	터	복	구	면	질	문	자	느	행	동	레	공	크	한
컴	용	물	에	적	요	은	요	용	용	카	로	북	제	로
컴	너	트	너	문	셀	유	용	하	게	의	제	늘	결	있
터	도	지	거	범	자	눈	바	을	다	학	뛰	어	난	지
코	코	아	위	차	신	쌀	덩	집	문	물	보	법	컴	만
한	솔	강	가	량	받	굴	날	이	초	주	문	호	한	용
당	찍	리	사	트	을	돌	터	풍	원	찍	트	한	션	찍
을	기	요	북	적	바	한	측	질	도	크	공	루	도	발
노	로	기	극	느	쌀	리	물	고	기	질	굴	굽	적	거
감	법	요	권	고	자	문	북	람	노	사	받	감	트	션
행	측	날	크	러	짓	거	이	션	부	사	굴	굽	돌	물
질	용	들	제	집	올	빼	미	공	노	어	찍	발	추	컴
동	문	집	람	질	루	행	낌	에	한	코	뿔	소	집	한
을	다	문	침	공	한	동	법	필	쌀	문	위	감	체	굴

복구면	초원
거위가	당기기
북극권	강아지
코코아	침공
질문	보호
있지만	올빼미
코뿔소	눈덩이
뛰어난	자신
차량	의학
물고기	유용하게

Puzzle 34

유 맞 주 고 전 쟁 을 넥 춤 영 감 주 기 법 문 을 주 문 솔 너
명 에 춤 바 사 바 을 타 루 트 동 질 로 공 물 션 짓 발 솔 레
한 위 늘 법 결 문 문 이 루 풍 문 을 거 느 짓 발 젊 주 굽 스
운 젊 솔 러 분 의 사 굽 최 근 쌀 공 스 쌀 를 로 느 키 스 루
젊 필 러 분 문 사 기 굽 정 범 쌀 을 북 을 한 축 역 업 응 동
발 조 굽 문 풍 도 발 정 근 쌀 트 느 받 문 할 젊 응 장 대
주 건 문 문 올 바 전 리 상 돌 우 리 서 수 주 키 장 에 운
올 가 미 러 적 달 굴 문 회 을 담 소 할 업 응 에
퓨 한 에 풍 결 한 춤 러 부 오 시 년 수 답 장
문 준 비 가 한 춤 러 젊 집 히 다 십 하 바 부 에
너 풍 한 부 트 운 맞 노 려 용 자 를 부 집
쌀 젊 체 공 은 질 발 굴 한 바 부 부
트 람 사 장 견 쌀 절 컴 한 도 절 늘 집 부 운

키스   정상 회담
넥타이   최근
서리   오히려
소년   우리
응답하십시오   역할
준비가   전쟁을
영감 주기   여러분의
수업   기사
맞춤법 검사   유명한
올가미   조건

Puzzle 35

```
에 들 다 적 운 트 이 바 주 문 범 계 문 도 을
고 발 필 날 자 한 거 자 돌 늘 풍 발 정 션 오
떠 나 는 문 한 들 스 정 트 발 노 크 맞 을 프
굽 주 변 인 용 얇 은 치 러 부 리 로 굴 트 너
에 동 제 동 을 동 한 달 너 쌀 감 견 용 동 문
민 감 한 집 춤 터 제 용 다 절 너 달 의 이 람
집 용 셀 드 느 달 물 범 을 풍 카 바 제 전 다
동 느 주 발 러 크 주 어 리 은 맞 굴 고 필 장
받 적 북 짓 부 남 시 절 소 맞 구 베 이 낌 위
필 원 제 레 로 순 카 쌀 오 발 하 이 질 젊 적
동 숭 행 측 굴 간 용 쌀 발 한 고 킹 크 타 셀
문 이 다 한 이 늘 세 짓 용 법 받 울 트 루 리
요 한 추 행 바 질 금 공 한 품 로 스 타 션 리
필 들 전 부 한 을 동 감 장 질 너 들 다 션 리
```

정치	품질
베이킹	계정을
주변	어시스트
세금	원숭이
불구하고	얇은
순간	떠나는
오프너	드러남
민감한	인용
로스트	오소리
처리	울타리

Puzzle 36

방	문	적	컴	체	트	로	올	크	림	문	용	퓨	트	셀
공	은	한	부	북	수	언	덕	발	바	닥	주	트	늘	질
를	은	문	평	느	부	익	주	가	문	결	요	집	동	한
풍	레	리	균	전	레	고	성	락	은	문	를	복	션	젊
느	크	있	말	을	공	쌀	끼	한	장	고	바	만	용	한
를	을	다	을	달	람	쌀	한	물	게	을	발	드	발	느
카	견	표	결	발	퓨	적	물	풍	대	바	필	는	보	동
짓	로	날	전	트	입	술	자	을	체	문	트	리	받	울
감	가	크	은	에	다	은	을	젊	을	어	표	카	용	자
위	정	경	변	사	한	한	풍	들	노	북	운	문	리
치	을	계	기	회	시	네	쌀	의	을	운	운	쌀	맞
를	레	전	은	트	집	젊	필	스	쌀	을	받	한	을	필
다	집	휴	대	용	도	위	감	요	날	스	질	절	러	바
체	람	질	올	결	말	질	말	고	대	운	풍	동	끼	쌀

만드는	고대
주요	언덕
기회시네마	복용
휴대용	보울
평균	가정을
바닥	발가락
수익성 있게	위치를
방문	있다
변경	입술
경계	크림

Puzzle 37

들 부 집 주 일 바 다 엄 마 가 짓 은 한 기 너
주 발 도 의 탈 시 보 크 질 끔 물 노 의 여 느
덮 필 셀 깊 은 출 정 문 느 를 자 터 퓨 은 절
감 음 동 게 기 본 노 지 바 루 필 북 에 측 자
적 주 어 돌 견 트 제 을 법 범 받 자 범 느 에
현 재 올 션 한 질 거 냥 젊 결 보 다 트 문 돌
발 장 추 동 어 운 전 사 드 레 이 크 어 동 대
대 표 결 발 적 주 말 사 충 성 하 는 장 절 거
네 이 티 브 감 춤 느 한 카 엄 청 난 션 노 러
바 거 전 이 장 트 다 젊 부 트 적 분 수 트 체
은 질 어 장 느 거 발 말 쌀 출 대 체 전 자 쌀
사 늘 끔 문 돌 장 체 셀 달 체 파 로 션 셀 크
적 도 를 한 풍 자 에 받 터 동 을 동 러 법 동
추 구 을 다 의 필 견 북 돌 자 집 부 질 크 돌

사냥
탈출
네이티브
일시 정지
대체
대출
주의깊게
덮음
엄마가
추구

보다
현재
분수
충성하는
드레이크
기본
엄청난
기여
운전사
정보

Puzzle 38

거	로	자	크	누	동	코	어	늘	문	노	제	레	을	찍
굴	장	셀	올	에	구	요	한	범	동	트	받	을	부	컴
을	러	트	바	문	자	테	위	공	물	간	굴	부	족	적
한	장	쌀	필	대	위	주	샤	체	동	호	게	으	른	숨
노	은	공	주	한	루	견	돌	워	민	사	행	를	자	기
받	공	카	트	에	문	주	찍	을	시	북	동	도	리	기
루	전	통	적	인	위	바	굴	루	설	도	끔	제	젊
자	바	젊	레	거	을	자	션	어	말	문	발	수	식
습	나	발	음	감	절	스	표	동	엇	등	장	파	질
관	나	한	날	에	공	견	은	람	들	바	을	거	오	발
풍	솔	느	을	요	파	자	끔	견	절	짓	의	하	션	한
요	션	스	은	고	결	쌀	사	결	용	날	레	적	는	어
끔	퓨	트	물	론	람	은	내	들	영	향	을	로	적	찍
표	동	리	너	느	젊	한	용	바	전	로	은	트	을	대

바나나　　　　　　간호사
전통적인　　　　　문자
코요테　　　　　　무엇을하는
내용　　　　　　　발음
누구　　　　　　　게으른
습관　　　　　　　숨기기
수식　　　　　　　등장
샤워 시설　　　　 부족
시민　　　　　　　오션
물론　　　　　　　영향을

Puzzle 39

문	발	절	감	고	를	받	을	동	측	바	문	견	끔	성
의	람	말	발	위	질	이	해	야	합	니	다	느	한	숙
올	바	른	크	감	물	레	문	발	의	반	응	좌	석	한
동	발	이	러	을	질	다	을	늘	제	법	을	맞	용	능
을	행	트	트	표	자	를	달	표	짓	부	바	짓	사	가
서	다	북	루	문	이	굴	법	물	퓨	결	돌	한	은	범
언	두	이	축	공	트	추	북	거	바	컴	들	퓨	람	이
급	요	르	구	트	느	절	느	을	쌀	참	의	을	결
법	동	발	다	관	변	다	건	을	문	을	고	굽	법	풍
이	받	발	부	리	수	자	문	을	한	굴	사	젊	러	을
터	리	생	동	자	올	보	듣	도	용	클	항	공	요	이
행	러	사	무	실	어	고	고	러	절	립	문	늘	대	체
트	위	필	집	결	용	서	도	위	낌	견	끔	문	대	동
한	춤	에	쌀	람	절	한	낌	치	바	발	동	절	주	동

보고서	반응
좌석	축구
가능한	듣고
서두르다	변수
해야 합니다	언급
올바른	사무실
행위에	관리자
물건을	참고 사항
발생	위치
성숙한	클립

Puzzle 40

남	체	람	자	주	질	동	문	대	올	파	문	저	렴	한
성	때	늘	테	돌	자	문	요	올	적	풍	달	맞	셀	한
이	때	리	이	추	닫	에	부	추	맞	도	질	굽	너	굽
법	로	낌	프	굽	기	법	체	동	감	주	파	용	을	한
법	체	부	주	문	바	은	전	크	한	주	끔	한	해	느
대	문	춤	카	말	느	장	카	지	어	을	고	집	루	제
돌	느	부	물	법	한	루	적	리	낌	바	다	개	물	고
바	견	전	감	위	주	터	끔	은	굴	바	도	혁	애	바
에	범	말	올	장	부	견	고	주	굴	거	문	루	완	스
가	전	측	결	함	측	적	이	셀	맞	주	거	동	동	이
로	얄	전	장	말	인	퓨	당	러	솔	한	어	질	물	퓨
도	의	견	행	러	재	한	측	한	열	치	낌	다	의	터
받	체	한	를	퓨	치	즈	한	컴	문	제	달	도	낌	한
넓	게	트	자	기	각	견	션	들	도	굴	발	동	셀	한

주말

로얄

넓게

지리

애완동물의

때때로

남성이

닫기

치열한

테이프

개혁

결함

기각

치즈

부적당한

의견

도로가

용해

저렴한

인재

Puzzle 41

유 견 를 스 쌀 주 을 지 사 측 시 람 발 젊 로
라 리 어 낌 북 크 은 능 랑 을 리 터 저 은 이
트 이 한 문 크 문 문 형 행 의 즈 을 렴 체 용
받 동 드 루 제 발 다 범 측 션 는 소 기 장 경
젖 은 한 젊 춤 로 퓨 을 측 굽 람 늘 이 트 터
끔 찍 운 셀 션 파 한 파 추 안 의 트 로 용 카
바 문 끔 질 짓 한 람 고 끔 전 위 풍 대 굽 카
젊 리 달 문 파 발 적 터 카 하 풍 대 동 필 은
을 굴 찍 은 괴 북 철 사 아 게 션 러 발 쌀 맞
요 향 증 기 라 추 메 체 빠 한 부 션 이 질 문
찍 자 영 동 자 용 굴 렌 트 느 한 적 굴 쌀 에
페 인 트 에 게 위 고 주 대 동 필 로 바 고 풍
짓 한 동 터 레 쌀 기 적 을 을 택 을 한 한 굽
요 은 러 에 늘 차 를 북 바 용 시 이 굽 노 운

젖은	안전하게
사랑	메추라기
택시	철사
증기	장소는
렌트	아빠
파괴	라이드
시리즈는	고기를
페인트에게	지능형
경기장	유리한
차례에영향을	저렴

Puzzle 42

트	들	도	랑	장	리	문	느	문	찍	발	이	솔	도	발
을	다	터	한	바	거	한	굽	발	부	동	스	끔	쌀	트
질	바	운	은	절	이	미	루	들	로	고	이	이	결	날
문	질	다	동	문	트	의	적	부	람	위	동	심	표	로
호	흡	찍	의	을	럭	무	퓨	카	쌀	날	측	친	지	이
절	을	느	체	너	끔	게	낌	물	레	위	어	게	떻	어
스	다	느	적	찾	기	동	굽	을	받	감	장	날	낌	전
은	사	션	낌	쌀	집	컬	렉	션	휴	식	필	거	레	체
내	에	서	돌	솔	노	션	마	녀	용	자	문	에	공	전
터	대	루	에	바	을	스	질	한	을	행	부	주	적	발
묶	여	체	행	스	선	카	올	거	어	솔	들	자	을	레
공	굽	측	행	절	택	파	을	표	셀	쌀	한	날	검	물
문	격	운	람	리	대	바	쌀	문	요	장	행	을	점	에
찍	에	적	메	리	바	측	문	측	자	부	행	트	자	물

내에서   도랑
마녀   무의미한
선택   점검을
트럭   호흡
지친   컬렉션
공적을   휴식
메리   어떻게
무게   심지어
찾기   절대
묶여   공격적

Puzzle 43

을	적	공	고	러	엑	추	솔	스	다	풍	몸	퓨	을	사
동	부	원	행	이	셀	쌀	하	늘	견	을	망	들	도	사
범	주	발	레	거	한	어	너	를	주	장	원	주	은	에
감	신	자	결	노	설	득	법	쌀	한	로	경	고	문	리
사	사	올	올	다	트	자	터	터	로	다	에	이	기	맞
합	를	션	느	은	이	공	문	발	찍	거	찍	젊	타	주
니	사	막	산	업	사	고	은	도	크	날	동	을	러	말
다	기	옮	계	받	드	용	삼	각	형	짓	찍	옵	견	을
럽	을	필	제	단	을	라	풍	장	어	전	고	션	다	람
스	발	고	동	한	에	쌀	이	장	로	주	은	로	다	해
랑	느	은	도	추	느	에	트	브	한	질	견	사	러	변
자	행	거	제	제	굽	을	서	션	결	문	추	루	동	트
들	질	가	까	운	려	어	회	을	표	장	늘	솔	법	트
용	스	늘	추	동	느	션	의	감	낌	트	날	받	동	트

설득	고도
몸망원경에	계단에서
삼각형	사막산업
드라이브	엑셀
어려운	공원
자신감	옮기다
하늘	옵션
자랑 스럽다	회의
가까운	감사 합니다
해변	기타

Puzzle 44

찍	찍	항	도	토	지	출	비	시	적	쌀	한	질	이	끔
중	셀	목	달	지	지	행	리	구	은	측	우	북	를	동
는	로	을	맞	터	적	굴	루	즈	다	상	찍	울	로	법
오	을	앵	법	적	터	문	로	레	동	황	발	함	스	부
비	워	짐	무	새	을	고	용	바	공	션	장	로	자	실
라	리	쌀	들	자	자	로	북	파	물	도	이	견	사	동
운	장	활	부	한	문	크	제	파	의	체	궤	도	잔	퓨
드	전	부	동	체	바	트	파	파	에	주	도	한	디	늘
라	필	다	너	카	경	력	트	돌	바	문	짓	다	션	을
는	장	춤	위	느	법	들	장	집	을	스	북	짓	동	러
말	느	발	올	질	의	신	체	한	타	션	레	요	로	트
질	루	을	동	한	주	요	비	날	사	킹	받	장	은	날
다	요	말	말	문	행	도	짓	요	공	이	동	동	연	결
맞	컴	절	전	날	이	위	낌	이	어	이	들	연	결	트

사실	활동
비워짐	앵무새
비오는 중	구리
토지	궤도
상황	우울함
지출	스타킹
신비	시리즈
항목을	라운드라는
경력	비행
연결	잔디

Puzzle 45

접 감 물 용 람 결 부 트 람 경 향 용 발 사 끔
감 착 은 대 퓨 트 은 어 공 집 발 들 을 러 을
다 노 제 솔 강 한 도 전 크 말 카 을 자 굽 위
을 북 한 솔 루 렬 트 을 양 한 문 루 체 찍 체
자 끔 법 을 을 션 한 더 모 젊 파 춤 늘 람 리
트 릭 바 을 솔 질 도 블 굽 질 달 퓨 느 체 을
를 은 스 사 적 낌 테 용 이 람 체 각 레 체 을
한 레 견 동 도 감 니 용 유 문 작 각 물 쌀 쌀
쌀 운 호 텔 바 결 스 바 는 필 은 문 요 문 다
암 탉 아 자 들 굴 러 쌀 이 트 부 파 쌀 물 레
문 동 이 주 감 한 외 도 필 도 동 한 법 은 은
에 용 디 앞 으 로 관 자 도 동 한 통 동 동 동
도 필 어 싸 움 바 문 문 스 한 고 들 신 통 용
장 제 동 체 풍 제 루 동 고 다 질 등 반 신 이

테니스	이유는
강렬한	접착제
통신	등반
아이디어	양모
트릭	외관
뱀파이어	암탉
싸움	앞으로
더블	경향
솔루션도	호텔
각각	작은

Puzzle 46

동	노	동	오	트	퓨	환	트	파	짓	터	다	낚	굴	대
측	발	리	토	도	열	경	문	을	장	면	느	주	시	노
맞	짓	한	바	발	번	에	증	명	동	적	만	들	어	진
리	짓	보	이	물	째	적	노	을	질	굴	로	필	행	문
부	로	범	통	적	북	울	새	는	그	의	도	노	컴	체
자	이	북	주	동	트	느	이	느	쌀	법	션	이	트	바
리	대	느	쌀	컴	질	장	짓	을	물	말	동	필	션	느
변	호	사	북	질	운	느	람	노	용	한	질	너	받	젊
이	론	라	을	풍	자	문	맞	동	을	굽	체	트	셀	다
맞	의	운	과	끔	질	한	를	행	을	에	감	반	대	의
사	트	드	족	일	찍	동	터	발	이	바	용	장	크	바
바	다	한	제	견	의	브	로	콜	리	풍	을	한	부	을
쿠	페	문	비	스	백	로	용	은	절	쌀	다	표	동	트
필	은	들	에	은	조	람	이	러	장	날	자	바	날	고

울새는   브로콜리
오토바이   반대의
증명   라운드
낚시   백조
변호사   보통
열 번째   그의
과일의   이론
환경에   장면
족제비   도토리
만들어진   쿠페

Puzzle 47

짓	운	트	훔	바	트	정	루	주	케	주	도	반	을	책
용	절	법	치	동	맞	도	확	카	이	낌	느	절	지	장
너	풍	절	기	너	트	파	부	히	크	을	요	트	이	게
필	루	노	달	무	춤	돌	제	한	어	먹	쌀	말	보	루
공	분	을	집	쌀	체	감	느	러	적	기	도	쌀	들	이
은	말	실	스	부	문	시	대	꼼	다	요	숫	늘	주	질
다	장	돌	동	크	클	됨	들	수	쌀	을	돌	굽	절	을
범	을	자	이	발	라	녹	색	있	다	어	전	자	자	부
민	속	학	용	카	우	은	동	습	날	발	찍	바	받	법
한	한	을	고	테	드	추	말	니	다	어	젊	법	주	운
견	로	이	동	이	문	결	올	다	말	셀	이	표	준	제
파	한	문	발	블	맞	한	이	느	물	감	굴	컴	주	감
셀	필	문	루	문	전	트	너	고	이	질	사	받	춤	견
바	위	굴	느	크	문	바	에	로	추	굴	달	바	찍	동

케이크	파트너
클라우드	표준
훔치기	책장
너무	테이블
감시됨	반지
숫돌	게이트
먹기	분실
녹색	보이지을
수 있습니다	정확히
느낌이	민속학

Puzzle 48

트 한 이 다 거 한 돌 리 급 문 절 이 바 질 표
쌍 생 각 제 이 트 법 부 요 여 솔 람 달 한 풍
너 서 랍 굴 지 풍 은 받 다 쌀 와 대 사 이 트
낌 리 을 메 이 크 업 법 적 달 한 풍 식 사 용
개 미 를 파 데 엔 스 을 젊 법 제 이 침 견 주
피 에 법 트 끔 진 아 측 의 바 공 법 아 동 바
올 곤 셀 션 절 발 프 안 락 들 하 을 공 이 파
그 녀 한 들 이 한 다 대 다 이 는 용 문 달 을
파 부 를 전 강 철 짓 체 너 찍 로 사 위 로 행
결 합 장 로 기 레 풍 질 레 이 공 돌 집 소 개
공 노 공 필 말 은 거 바 질 짓 견 올 을 이 추
감 음 식 한 자 리 러 맞 돌 바 레 결 자 말 고
어 젊 질 날 을 컴 달 돌 필 터 트 발 말 주 찍
거 동 장 짓 부 느 맞 느 감 견 측 절 필 거 쌀

아프다	데이지
급여와	개미
서랍	강철
소개	메이크업
사이	엔진
아침 식사	결합
피곤한	그녀
쌍생각	제공하는
사이트	음식
안락들	전기

Puzzle 49

올	요	질	늘	십	트	샴	발	제	바	용	찍	션	은	들
책	임	있	는	진	자	람	푸	결	한	물	자	문	받	돌
노	크	크	결	수	바	에	동	문	용	표	면	됩	니	다
질	쌀	추	낌	끔	들	동	이	시	크	도	러	문	짓	한
스	윙	눈	도	집	풍	소	젊	간	적	바	거	부	도	험
이	필	물	민	발	문	음	을	카	주	말	크	문	식	시
러	측	트	주	로	자	한	람	질	물	느	도	짓	굽	별
한	동	위	주	바	에	터	용	로	리	의	동	느	자	동
자	위	결	의	컴	달	절	받	절	올	집	위	절	제	북
굽	노	사	람	팩	생	각	의	이	측	적	이	용	바	발
행	쌀	동	을	트	카	병	아	리	예	의	바	름	문	체
를	복	크	바	고	물	바	컴	추	절	한	행	질	다	한
받	리	한	가	솔	린	끔	어	문	러	받	문	카	용	짓
풍	문	크	어	러	문	운	풍	러	느	트	션	동	동	젊

생각	식별
예의 바름	스윙
시험한다	병아리
샴푸	물자
소음	표면됩니다
시간	책임있는
컴팩트	민주주의
눈물	가솔린
행복한	이러한
노크	십진수

Puzzle 50

한	범	범	도	받	돌	운	크	주	부	알	트	문	터	굴
인	을	적	셀	을	터	람	맞	끔	을	고	달	받	끔	올
간	제	루	대	문	바	을	수	필	자	있	짓	을	집	절
의	위	느	용	결	늘	퓨	많	발	물	었	아	운	발	결
범	도	주	어	레	를	몇	은	늘	쇠	다	침	받	한	행
절	바	풍	춤	을	로	가	끔	트	말	효	동	카	자	을
트	터	연	가	는	중	지	트	발	동	력	부	전	춤	북
동	말	제	락	셀	표	로	발	대	들	풍	풍	북	한	다
질	발	외	에	처	납	카	굽	질	돌	이	주	을	러	러
굴	부	하	퓨	감	작	용	나	거	요	다	한	트	솔	동
용	다	고	주	한	한	돌	뭇	전	레	여	전	히	찍	노
결	맞	트	비	서	대	고	잎	이	끔	북	돌	셀	분	에
한	정	감	돌	문	광	래	제	동	기	회	올	이	견	스
필	트	이	소	바	북	결	낌	동	집	파	범	람	굽	스

여전히	돌고래
연락처	감소
제외하고	분노
납작한	가는 중
알고 있었다	아침
몇 가지	효력
결정이	비서
나뭇잎	수많은
인간의	광대 한
자물쇠	기회

Puzzle 51

굽 받 성 운 우 전 터 다 조 를 동 를 로 전 바
노 구 인 문 박 표 편 장 언 의 동 스 카 프 참 여
쌀 주 한 동 굽 한 표 드 을 동 굽 래 찍 대 여
거 행 스 받 전 법 늘 말 경 집 젊 클 들 솔 사 적
에 요 케 발 자 책 임 자 돌 주 북 찍 굴 스 위
용 트 이 크 장 쌀 다 자 한 노 웨 발 젊 루
질 을 팅 젊 굽 제 다 자 체 찍 이 부 낌 요
람 러 트 동 고 한 발 리 찍 크 유 주 자 요
찍 견 감 말 전 스 리 뷰 을 풍 행 한 백 감
날 트 을 제 올 끔 날 촬 영 부 동 문 거 명 발
이 표 컴 로 자 법 끔 요 을 않 가 젝 느 측 자
셀 트 동 주 날 한 법 바 발 지 식 로 스 발
자 집 짓 바 주 바 춤 전 한 이 컴 프 질 어 자
느 리 받 북 자 문 한 질 문 보 바 적 올 러 장

Puzzle 52

찍	고	앞	말	달	자	블	늘	션	에	이	말	제	카	부
이	춤	리	서	너	월	라	도	은	짓	을	로	에	을	동
리	용	굽	크	복	로	우	에	행	질	집	춤	션	측	짓
노	을	동	주	도	우	스	절	느	도	루	요	올	람	찍
터	돌	아	을	돌	부	부	한	도	말	달	끼	짓	루	셀
적	늘	루	마	요	트	어	도	장	동	한	짓	물	솔	태
도	루	동	을	문	을	이	슬	적	한	달	요	절	생	솔
한	도	문	용	문	거	레	많	루	올	컴	측	이	성	로
퓨	질	파	행	에	람	플	은	사	끼	짓	요	미	루	공
영	화	서	식	지	슬	픈	을	면	필	문	받	국	로	견
주	말	트	로	루	러	북	트	너	끼	짓	공	의	다	한
대	견	질	춤	돌	거	동	쌀	문	이	표	물	을	은	돌
표	운	쌀	한	한	용	스	놀	을	문	비	결	에	물	운
집	대	체	레	찍	문	스	람	셔	츠	난	문	에	운	터

태생	미국의
사면	슬픈
생성	블라우스
플레이어	생물학
도달됨	복도
놀람	아마
셔츠	앞서
많은	비난
서식지	영화
윌로우	이슬

Puzzle 53

자	사	들	찍	루	말	에	을	솔	발	표	주	주	추	자
판	끔	도	어	리	요	은	공	짓	굽	에	찍	개	필	절
풍	매	고	양	이	잡	손	한	이	로	결	솔	인	돌	물
굴	람	자	짓	식	거	을	퓨	컴	쌀	문	쌀	적	행	카
한	바	도	반	공	터	터	결	행	주	자	레	명	바	로
공	부	용	전	마	무	리	오	기	공	문	스	치	인	한
셀	람	체	리	바	맞	추	운	했	들	동	먼	늘	결	적
장	공	상	북	밤	사	춤	이	각	올	측	지	노	이	쌀
다	위	금	퓨	이	발	용	법	생	모	셀	가	법	너	한
받	용	한	질	하	의	체	용	문	든	젊	들	션	너	받
받	행	의	동	강	문	파	범	부	사	운	흔	배	포	짓
은	쌀	추	동	주	이	자	을	돌	감	바	바	들	크	건
도	어	용	용	바	한	컴	위	자	용	수	락	문	리	조
대	행	한	션	어	위	노	맞	러	컴	트	이	집	를	는

밤이하강   배포
상금   개인
먼지가   공식이
수락   고양이
모든   건조
흔들리는   추운
맞춤법   생각했기
반전   마무리오기
손잡이   인치
판매자   치명적인

Puzzle 54

발	위	질	춤	감	질	문	북	풍	다	주	의	부	충	격
낌	법	낌	컴	자	문	한	다	퓨	거	의	주	주	로	굴
한	률	표	문	로	노	대	적	바	필	코	천	다	대	자
공	격	적	인	동	범	끔	은	을	전	스	끔	사	부	받
자	본	점	라	이	브	과	자	용	동	끔	올	문	주	한
노	한	질	유	우	려	사	항	비	부	은	젊	솔	람	은
받	람	용	레	하	를	스	쌀	어	느	굽	올	늘	동	트
여	섯	번	째	집	십	퀀	장	있	올	디	부	로	질	바
거	바	북	로	트	로	시	의	음	법	전	카	주	사	문
견	굴	굽	올	위	람	터	오	에	션	도	은	사	의	올
문	돌	짓	은	너	질	터	로	견	적	들	가	계	단	셀
러	느	용	동	리	용	느	터	컴	날	바	한	란	늘	공
집	쌀	바	솔	문	감	야	들	람	거	로	날	솔	결	한
맞	은	장	필	공	낌	채	대	노	풍	스	북	전	퓨	바

공격적인	충격
주의	점유하십시오
단계가	계란
여섯 번째	부디
시퀀스	라이브
우려 사항	견적
부주의	야채
비어 있음	과자
천사	코스
법률	자본

Puzzle 55

올	주	주	프	리	요	위	느	은	범	그	초	은	람	문
트	기	셀	탬	위	한	노	란	색	정	러	대	필	로	셀
바	타	테	스	트	추	러	쌀	정	책	므	장	문	한	을
로	트	을	차	물	셀	누	출	루	확	로	사	루	견	터
표	이	다	동	한	한	바	다	견	구	도	짓	도	굽	트
미	케	한	자	바	레	장	올	노	루	한	찍	전	러	은
동	스	토	점	연	북	을	한	다	사	부	문	문	다	법
한	을	끼	화	이	도	검	색	중	집	문	은	장	부	행
동	낌	한	시	어	문	은	감	물	굴	다	트	카	동	루
루	문	컴	켜	자	주	올	북	한	공	트	가	느	쌀	춤
민	주	당	원	루	동	추	짓	거	짓	말	족	동	를	을
트	은	이	늘	발	부	달	다	짓	문	에	루	감	대	에
추	법	바	동	주	돌	물	러	짓	운	날	스	한	굴	쌀
제	을	문	크	문	말	자	전	바	젊	느	짓	전	느	동

정책	거짓말
테스트	그러므로
토끼	미스
초대장	도전
점화시켜	가족
노란색	자동차
스케이트 타기	정확도
누출	스탬프
민주당 원	자연도
도구	검색 중

Puzzle 56

느	한	쌀	느	리	요	전	장	카	자	날	봐	골	달	문
대	자	레	요	고	표	문	찍	레	심	있	어	절	문	을
문	바	달	퓨	굴	발	세	맞	구	함	각	들	발	션	크
대	동	짓	날	어	문	부	감	을	공	짓	한	이	은	파
달	안	견	낌	람	한	정	동	자	루	한	노	질	은	범
장	도	문	짓	문	필	보	질	도	필	노	질	자	동	바
목	말	동	사	로	문	도	의	도	트	동	질	동	크	한
록	다	질	이	다	질	카	굴	절	측	에	견	여	질	에
꿈	한	행	노	물	자	쌀	표	러	감	주	따	르	성	제
컨	퍼	런	스	많	이	클	찍	자	젊	전	스	맞	면	필
다	을	파	절	결	운	래	퓨	도	느	크	신	집	한	감
벙	어	리	장	갑	제	스	욕	망	요	발	풍	한	주	날
말	전	바	카	혼	춤	날	이	올	자	을	쌀	주	너	어
동	러	리	젊	동	러	은	망	원	경	정	스	을	젊	짓

들어 봐   클래스
신발을   에 따르면
벙어리 장갑   혼동
여성에   컨퍼런스
진정   골절
많이   욕망
목록   구함
심각한   자동
대안   세부 정보
망원경   있어

Puzzle 57

지	원	법	운	특	케	글	로	우	너	주	퓨	걸	문	늘
쌀	굴	다	행	별	이	부	적	발	쌀	문	공	너	출	을
발	장	러	위	한	크	선	짓	한	파	쌀	람	로	에	한
견	크	집	자	위	금	호	위	질	돌	절	셀	주	문	전
범	트	부	한	너	액	올	션	질	외	주	달	용	을	춤
결	운	늘	안	피	해	자	의	젊	국	리	요	청	이	루
카	한	갤	럽	에	램	발	코	니	카	어	돌	트	어	느
소	셀	너	문	한	프	위	은	결	이	결	을	들	문	람
집	수	찍	법	터	동	용	문	고	트	용	부	운	표	시
표	을	민	굽	돌	전	맞	러	거	노	말	운	은	관	장
체	동	전	족	을	이	느	문	바	한	자	결	이	형	련
에	젊	돌	다	절	짓	풍	도	동	낌	용	을	로	제	맞
바	맞	동	들	션	쌀	트	자	문	람	체	동	달	을	실
날	체	너	동	주	동	로	바	전	은	범	달	대	을	문

램프	관련
걸출한	형제
지원	외국
선호	특별한
글로우	요리
표시	요청
다행	케이크금액
실제로	피해자의
갤럽	발코니
안에	소수 민족

Puzzle 58

원	을	달	축	온	전	한	트	를	부	솔	쌀	한	로	플
정	느	석	하	도	추	의	날	쓰	범	위	주	파	동	라
대	의	탄	드	가	셀	찍	리	기	은	퓨	터	운	행	이
고	요	문	립	운	노	를	페	는	오	리	느	달	질	늘
부	트	레	니	블	들	퓨	노	인	공	위	한	용	운	파
물	대	피	다	필	록	션	질	필	트	용	동	셀	절	위
바	대	아	니	라	동	은	드	요	날	브	터	찍	법	들
문	동	레	이	문	물	춤	라	부	질	파	러	춤	도	한
에	은	늘	쌀	문	운	트	이	돌	루	문	쌀	시	느	카
리	이	받	한	올	대	바	버	한	이	춤	부	한	에	느
크	을	한	피	복	요	한	트	느	카	웃	행	체	집	달
션	을	동	동	공	세	자	루	셀	한	음	절	러	견	추
집	중	일	트	들	터	븐	바	동	로	람	동	스	에	문
러	대	크	의	춤	행	트	주	도	쌀	낌	물	동	제	리

쓰기는	피복
세븐	필요
드라이버	범위
석탄	블록은
집중	페인트 브러시
파동	오리
원정대	플라이
온도가	축하드립니다
대피	웃음
동일	아니라

Puzzle 59

어	늘	은	거	젊	노	퓨	를	람	운	트	레	낌	짓	트
느	슨	하	게	로	벨	트	행	트	러	동	벨	결	문	느
더	똑	똑	한	감	갑	작	스	런	주	한	스	이	너	장
쌀	자	한	거	동	측	문	퓨	굴	달	동	자	트	찍	행
체	표	름	주	을	감	영	솔	동	질	자	을	바	트	솔
문	질	찍	자	를	문	다	병	파	결	달	동	달	한	문
셀	카	문	동	완	두	콩	셀	원	오	고	능	력	늘	찍
로	를	나	전	러	퓨	극	개	물	리	표	맞	장	제	람
동	러	쌀	리	를	용	적	최	어	새	발	발	퓨	명	다
다	견	굽	풍	아	동	인	거	러	끼	한	질	은	사	너
크	집	쌀	발	들	춤	한	한	퓨	받	셀	레	터	기	쌀
풍	범	스	너	얘	를	로	느	문	체	쌀	절	위	찍	부
을	문	동	법	낌	어	문	를	의	범	운	바	쌀	찍	부
퓨	요	다	카	늘	체	발	말	다	료	동	결	절	부	부

레벨	감동을
주름	병원
극적인	개최
더 똑똑한	벨트
카나리아	갑작스런
얘들 아	위기
명사	의료
오리 새끼	영감을
능력	완두콩
거주자	느슨하게

Puzzle 60

```
결 느 을 젊 물 도 늦 주 짓 질 동 동 소 자 발
말 미 잘 셀 바 운 은 구 이 걸 문 찍 유 필 쌀 꼼
달 루 도 트 토 요 늘 스 걸 감 노 자 위 기 공 노
순 요 대 을 젊 늑 들 은 공 베 문 느 로 는 물 돌
한 무 계 들 교 대 주 다 받 발 리 춤 수 동 전 필
찍 솔 노 획 육 쾌 진 전 어 날 부 을 전 북 은
낌 한 물 범 날 활 정 카 컴 빠 전 전 동 공 문
법 말 크 자 아 한 전 트 북 른 적 바 한 절 젊
당 신 에 게 이 람 올 의 북 로 카 공 대 질 운
트 의 셀 에 를 달 파 숙 박 날 표 대 바 맞 을
견 질 은 름 젊 견 어 자 준 노 굴 바 달 솔 을
너 범 카 여 트 범 위 로 비 용 용 을 로 부 부
를 춤 느 고 컴 문 동 운 금 트 바 부 트 올 람
찍 트 말 달 요 느 젊 동 의 행 의 북 올 람 을
```

말미잘   진정한
수건   걸릴
여름에게   토요일
순무   계획
숙박   교육
당신에게   빠른
늑대   구스베리
아이를   위기는
늦은   쾌활한
소유자   준비금의

Puzzle 61

람	동	주	제	사	대	부	레	범	표	문	절	날	컴	말
문	요	생	강	이	위	너	춤	끔	트	바	파	요	솔	컴
퓨	을	공	사	찍	문	공	바	컴	절	파	말	질	절	굽
맞	끔	스	주	을	쌀	부	공	마	이	그	레	이	선	거
맞	굴	받	부	범	견	동	춤	개	필	탕	이	요	제	맞
늘	감	트	동	혼	동	자	리	한	러	설	정	요	바	션
반	대	사	에	합	쌀	바	달	측	피	자	를	문	짓	행
다	을	자	달	문	초	용	범	부	노	최	는	다	이	이
문	발	범	늘	너	의	터	콜	다	문	끔	종	한	이	견
요	감	소	어	블	루	풍	발	릿	도	날	로	찍	바	속
주	너	유	을	트	장	우	발	어	거	로	트	열	쇠	질
션	장	트	말	셀	위	스	눈	리	위	젊	범	을	동	자
맞	트	바	바	표	자	운	송	석	다	주	전	트	문	고
에	다	감	위	트	끔	다	이	은	능	기	션	추	에	크

주기 속이는를
설정 생강이
우스운 공개
설탕 최종
소유 거위
어리석은 열쇠
피자를 블루
반대 혼합
초콜릿 기능
눈송이 마이그레이션

Puzzle 62

```
춤 쌀 받 바 느 솔 을 스 질 다 감 트 노 스 부
날 다 사 결 를 트 로 집 굽 요 람 젊 래 북 퓨
컴 솔 달 트 견 동 을 카 필 드 남 자 연 속 춤
공 질 퓨 사 람 들 은 션 필 트 레 참 여 할 질
러 행 컴 감 퓨 굽 트 리 질 측 용 이 트 은 고
이 위 션 동 견 일 도 일 한 레 굽 짓 올 을 쌀
이 요 전 리 셀 도 질 늘 한 도 은 피 필 의 에
결 케 울 쌀 장 측 문 견 유 지 풍 곤 이 짓 쌀
단 어 었 위 달 운 농 을 바 을 로 다 부 동 문
달 하 다 날 과 적 부 발 너 물 얻 행 오 너 리
돌 표 나 루 주 거 터 러 집 굽 반 을 두 퓨 노
퓨 젊 발 낌 바 절 분 춤 크 크 복 은 막 수 박
굽 요 의 대 주 한 자 쌀 동 사 리 너 컴 이 공
동 트 필 션 한 굴 낌 문 동 동 행 문 춤 감 파
```

지도   필드
남자   울었다
노래   과거
수박   일요일
농부   을 얻을
오두막   연속
참여할   분자
사람들은   단 하나
피곤   케어
반복   유지

Puzzle 63

발	부	찍	블	은	위	공	노	이	행	경	찰	이	발	셀
요	측	소	바	리	문	션	끔	물	복	사	람	이	없	는
카	동	설	거	한	드	슬	레	지	바	춤	문	괭	재	동
람	대	컴	추	컴	한	주	트	카	한	위	늘	다	해	범
전	로	낌	을	전	제	다	맞	견	결	한	물	어	보	기
를	견	받	용	측	을	장	느	도	카	도	들	을	측	춤
지	추	은	행	측	위	부	요	끔	굽	제	법	에	에	늘
동	적	을	문	을	주	공	를	물	달	자	주	장	굴	로
바	돌	인	젊	쌀	제	요	젊	파	트	오	이	러	바	필
노	바	터	루	그	림	솔	필	싱	잘	늘	상	이	늘	쌀
한	도	도	쌀	춤	에	을	약	크	거	못	전	느	용	카
장	는	않	습	니	다	거	관	크	을	발	된	카	노	행
전	끔	자	노	요	자	법	요	양	상	추	돌	전	맞	필
을	추	낌	근	처	끔	터	춤	한	결	컴	북	을	부	찍

재해	는 않습니다
주제	오늘
소설	블리드
물어보기	괭이
지적인	양상추
싱크	그림
사람이없는	슬레지
잘못된	근처
약관	이상
행복	경찰이

Puzzle 64

샌	드	위	치	빛	쁜	논	수	날	크	주	다	의	풍	감
나	자	신	트	을	나	문	감	집	주	좋	아	하	는	지
감	시	를	문	공	바	다	션	자	스	성	가	시	게	수
바	이	늘	추	컴	문	말	들	장	돌	돼	지	적	이	끔
이	스	느	로	컴	적	를	결	대	크	어	사	사	동	이
부	한	맞	전	을	을	체	결	맞	받	굽	찍	스	너	션
느	끓	레	체	션	한	필	범	실	필	절	한	한	람	질
북	임	혜	범	참	가	자	가	버	골	풍	루	람	노	운
트	찍	택	트	한	달	늘	카	용	받	동	대	문	북	필
질	느	을	락	하	을	파	질	주	물	굴	파	전	루	끔
동	을	도	아	무	것	도	굽	결	너	파	행	늘	질	감
늘	부	컴	표	절	이	체	을	문	운	도	한	다	날	다
문	어	검	느	을	감	어	운	동	체	러	리	질	한	풍
짓	쌀	색	솔	운	춤	찍	받	어	람	행	행	바	용	어

아무것도	샌드위치
주스	돼지
끓임	나 자신
나쁜	성가 시게
좋아하는	검색
지수	빛나다
감시를	골동품
논문	혜택을
수집	하락을
실버	참가자가

Puzzle 65

주	트	행	동	꼼	을	트	받	낌	모	은	꼼	컴	문	질
트	이	바	을	이	행	솔	카	집	니	질	한	행	이	날
늘	동	한	로	한	내	문	주	셀	터	절	에	도	부	요
느	이	감	크	스	부	찍	범	말	가	에	문	장	주	쌀
범	로	전	자	적	사	람	회	이	꼼	러	트	한	맞	주
문	측	말	와	외	측	거	행	원	루	단	계	짓	트	발
의	지	미	이	침	트	올	동	바	바	어	표	날	느	날
공	용	컴	북	웃	주	카	을	간	공	동	트	주	다	운
입	력	로	거	다	리	파	말	을	대	리	감	추	용	맞
셀	온	다	도	너	이	맞	바	를	전	터	부	주	부	굽
람	인	나	질	다	추	한	고	로	자	꼼	법	스	꼼	젊
셀	문	떠	속	임	수	달	을	이	부	주	질	다	노	다
발	러	를	루	돌	필	리	쌀	리	바	눈	사	람	문	범
전	거	리	수	대	에	노	잔	디	밭	꼼	늘	위	을	레

내부	계단
행동을	온다
나인	회원
이미지의	모니터가
수리	외침
거북이와	공간을
눈사람	잔디밭
단어	떠나다
셀러리	입력
속임수	이웃

Puzzle 66

엄	밀	한	체	러	거	솔	감	솔	질	을	한	쌀	쌀	느
바	범	질	셀	발	은	발	올	은	도	절	들	말	레	이
을	사	중	거	트	한	리	법	로	이	굴	을	바	로	울
체	포	요	느	로	을	질	자	농	결	론	스	웨	터	새
환	아	빠	를	가	르	치	다	노	장	측	대	사	요	공
질	영	전	도	너	돌	필	도	다	풍	북	발	발	퓨	장
주	은	합	달	운	의	접	가	능	성	추	천	달	바	리
용	사	를	니	체	를	어	바	문	바	도	북	끔	트	카
보	기	짓	법	다	용	주	여	부	물	에	법	공	자	돌
동	레	겨	람	늘	도	바	들	도	발	셀	법	컴	분	홍
제	낌	발	울	찾	아	오	시	는	길	거	늘	용	셀	색
광	경	트	리	동	로	결	쌀	은	크	한	이	달	터	색
돌	느	동	솔	부	범	체	젊	루	터	날	공	대	절	카
레	너	쌀	춤	을	위	날	션	젊	제	맞	통	맞	북	은

찾아오시는 길	광경
가능성	겨울
중요	추천
분홍색	여부
농장	공통
아빠를	울새
보기	가르치다
스웨터	환영 합니다
체포	엄밀한
결론	접어

Puzzle 67

부	북	로	찍	데	람	을	달	질	올	을	람	물	임	견
공	트	도	다	이	평	원	북	동	트	맞	한	제	무	쌀
짓	을	주	쌀	터	장	돌	레	을	문	한	동	가	는	주
체	을	동	로	셀	쌀	물	결	절	플	행	트	쪽	입	기
퓨	느	트	거	문	받	집	셀	은	로	느	터	레	도	초
춤	한	러	람	법	이	느	끔	요	트	한	체	도	너	자
제	바	퓨	레	도	기	후	낌	받	솔	늘	람	맞	말	동
거	늘	범	너	한	거	크	풍	춤	도	법	을	트	쌀	비
대	대	현	실	베	이	킹	을	진	덕	동	을	견	루	타
한	체	에	포	함	대	표	요	행	적	부	을	달	찍	민
귀	여	운	크	동	날	조	퓨	경	문	을	북	터	도	감
은	어	용	션	러	상	협	사	력	퓨	션	굽	동	도	끔
문	남	부	셀	로	처	감	트	전	감	동	맞	문	끔	주
부	올	체	솔	크	용	사	질	너	퓨	은	제	사	솔	너

조사
베이킹을
남부
상처
비타민
도덕적
임무는
평원
포함
데이터

동쪽
가입
협상
현실
진행경력
거대한
기초
플로트
기후
귀여운

Puzzle 68

표 바 트 카 여 유 가 전 대 달 로 도 한 을 위
감 북 주 이 느 파 발 송 조 은 표 부 장 위 원
바 도 한 느 바 물 동 부 대 출 에 이 끔 션 회
부 위 끔 크 풍 크 발 집 을 한 트 로 찍 을 북
맞 절 용 감 법 범 이 의 문 셀 마 바 모 방 을
짓 은 의 을 결 레 도 바 위 돌 다 음 은 질 카
노 학 돌 부 느 춤 동 공 러 동 견 어 을 자 젊
상 대 방 한 찍 부 고 운 추 맞 필 을 바 견 견
어 절 터 문 를 부 도 도 이 불 행 경 시 계 요
카 스 바 어 퓨 거 제 풍 컴 북 션 찰 하 날 트
션 발 질 을 심 관 리 자 가 쪽 거 관 호 자 돌
물 늘 문 동 주 를 도 문 절 오 디 션 수 집 공
느 거 법 적 문 행 동 도 질 로 도 퓨 표 바 다
견 달 용 바 느 달 도 노 수 요 다 춤 용 부 추

거북이   하자
시계   호수
마음   관심
수요   북쪽
모방   여유가
관리자가   불행
대조   경찰관
오디션   전송
대학은   위원회
대출에   상대방

Puzzle 69

바 마 동 범 리 브 물 서 이 바 문 집 도 굽 파
용 스 이 득 요 러 동 비 세 계 선 퓨 바 장 용
터 터 을 은 다 시 한 스 사 공 언 쌀 션 을 느
바 크 한 요 노 춤 느 를 끔 체 솔 주 노 을 운
로 풍 파 말 문 러 다 해 명 랑 가 달 주 로 느
셀 이 을 느 필 바 야 임 에 물 은 주 이 결
알 고 을 메 시 지 끔 도 바 한 질 잡 지 너 를 통 해 제
트 용 한 짓 로 끔 행 주 다 을 주 노 스 고 용
용 말 춤 쌀 셀 요 을 고 자 받 동 문 조 약
잠 조 측 너 발 샌 부 감 물 에 의 느 짓 집 컴
자 쌀 용 주 동 드 내 한 션 요 도 춤 퓨 받 전
리 춤 고 한 작 캐 보 공 지 사 항 표 루 결 바
사 끔 을 절 바 슬 내 견 제 주 찍 쌀 범 이 한
크 장 말 견 이 젊 기 용 젊 결 자 대 질 레 한

조약	서비스를해야한다고
명랑가	마스터
세계	메시지
선언	내보내기
잠자리	이득
조용한	임명
브러시	를 통해
표범	공지사항
동작	샌드캐슬
알고	잡지

Puzzle 70

```
닭 문 이 부 장 셀 발 다 쌀 받 행 동 공 엉 유
지 한 동 제 고 동 바 질 장 대 트 부 너 키 체
않 은 동 발 도 법 바 노 여 우 맞 집 바 게 너
은 달 면 하 핏 걸 버 고 필 동 을 하 요 는 풍
필 트 시 드 푹 퓨 스 주 문 크 주 도 간 으 에
끔 방 표 연 신 질 트 솔 를 결 기 간 막 로 범
절 견 해 쌀 한 렬 맹 만 찬 마 지 막 너 동 주
범 한 한 복 행 장 가 영 적 다 법 적 주 범 적
에 바 다 도 솔 광 문 젊 화 관 주 한 자 주
법 물 레 바 깨 도 행 동 레 올 을 주 파 어
위 의 거 문 진 주 한 범 자 너 주 표 결 올
바 바 느 바 다 용 셀 누 한 공 필 바 을 느
레 어 에 늘 맞 행 로 달 부 한 을 돌 굴 거
```

푹신한	가장 행복한
버스트	방해
마지막으로	닮지 않은
맹렬한	광장
만찬	여우
누워	기간
시연	깨진
한다	유체
엉키게 하는	영화관
하드	걸핏하면

Puzzle 71

제 실 새 끼 고 양 이 은 중 주 파 자 부 늘 문
바 늘 패 레 감 양 배 추 요 트 터 트 을 부 자
물 동 부 레 부 이 대 표 한 굴 다 고 받 루 리
법 달 절 트 이 파 솔 동 상 퓨 컴 은 또 절 어
결 러 퓨 법 동 집 북 도 이 적 끔 스 한 리 필
발 북 돌 의 말 돌 바 로 주 은 끔 문 사 사 용
수 굽 리 찍 운 제 질 운 질 감 이 물 요 의 부
달 날 문 약 제 전 체 헌 거 질 한 대 이 과 로
가 져 오 기 속 터 들 신 찍 굽 느 이 은 치 적
공 찍 할 대 쌀 을 스 타 일 운 람 결 문 용 느
주 트 동 아 를 도 제 유 떨 어 졌 다 허 들 맞
모 래 를 올 버 스 회 형 크 트 동 러 리 은 도
명 확 하 게 쌀 지 색 동 결 문 받 바 케 질 바
끔 추 자 굽 풍 사 는 동 쌀 부 로 를 인 에 끔

사용	중요한
수달	스타일
양배추	회색
가져오기	명확하게
실패	치과의사
새끼 고양이	또한
약속을	이상한
헌신	할아버지는
모래를	유형
허리케인	떨어졌다

Puzzle 72

자	북	주	앉	를	노	이	리	요	람	이	절	노	트	북
바	달	카	용	아	노	야	동	바	들	동	다	리	터	은
한	조	심	스	러	운	기	도	거	주	젊	용	대	크	루
바	카	문	리	용	거	리	결	늘	컴	솔	감	최	대	의
행	계	쌀	트	트	뜨	끔	을	카	행	달	의	늘	고	드
이	달	획	낌	버	더	질	다	느	장	너	발	달	다	피
질	돌	올	아	풍	팔	을	북	션	난	퓨	체	을	감	큐
요	한	젊	감	가	결	로	로	을	헤	론	느	들	터	도
범	동	올	법	증	씨	느	질	일	동	루	감	트	날	로
측	의	트	풍	트	트	트	사	반	한	두	쌀	리	로	문
고	산	맞	용	에	소	도	어	적	바	번	바	집	장	동
질	업	어	풍	찍	시	날	법	인	색	째	파	레	젊	파
문	자	발	을	헤	지	운	은	은	크	를	주	고	절	제
운	감	투	표	이	젊	감	날	행	굴	노	한	한	굽	한

일반적인　　　　　　　적어도
두 번째　　　　　　　노트북
증가　　　　　　　　　헤론
산업　　　　　　　　　앉아
색인　　　　　　　　　계획아가씨
투표　　　　　　　　　헤이
더 뜨거운　　　　　　큐피드의
이야기　　　　　　　　장난
최대의　　　　　　　　버팔로
조심스러운　　　　　　소시지

Puzzle 73

감	주	로	법	올	누	가	군	누	법	가	체	필	스	제
크	가	생	질	적	전	가	동	특	징	장	자	러	러	공
동	격	활	북	경	찰	러	공	캠	올	느	대	신	션	동
바	찍	를	올	들	터	가	카	페	문	거	이	동	람	어
공	리	을	필	늘	진	을	말	인	결	을	크	자	범	누
에	션	문	젊	측	리	두	테	은	주	대	날	컴	에	군
은	발	스	상	동	가	노	러	낌	느	추	북	문	한	가
리	쌀	찍	트	처	이	에	쌀	크	타	한	절	받	트	의
이	을	날	용	루	를	굽	바	한	운	주	거	셀	로	사
을	문	장	굽	절	바	이	발	법	웨	체	증	질	맞	느
굴	컴	사	집	고	이	색	상	느	어	트	오	람	문	범
바	파	달	을	견	올	말	을	카	공	풍	도	달	행	법
먼	트	문	늘	제	렛	루	동	한	추	결	이	레	측	의
저	쌀	달	북	절	파	션	크	리	트	을	공	이	너	쌀

캠페인	타운웨어
바이올렛	대신
상처를	가격
색상	가동
증오	진리가
생활	가을
누가	가장
테두리	경찰
특징	누군가의
먼저	누군가

Puzzle 74

낌	동	가	람	위	굴	받	루	달	로	를	물	체	달	이
레	다	르	치	킨	동	어	용	카	필	발	감	굴	짓	찍
감	문	칠	동	북	물	로	동	발	생	고	날	북	젊	터
레	를	셀	위	도	대	한	바	끔	산	범	파	쌀	레	사
법	한	전	문	스	추	들	화	러	풍	바	퀴	위	자	주
젊	이	춤	셀	용	작	호	상	느	제	을	부	동	문	용
부	를	판	매	방	재	고	의	끔	성	다	자	사	슬	동
션	너	셀	트	향	리	주	파	비	명	은	퓨	체	를	자
라	이	브	러	리	철	굽	루	로	극	도	한	레	의	찍
측	마	노	춤	질	회	부	드	럽	게	적	대	날	트	도
비	전	동	바	늘	트	도	로	트	제	스	쌀	솔	바	적
장	크	트	을	질	거	문	달	체	람	신	에	찍	트	로
파	레	들	한	놀	너	굽	침	루	달	뢰	트	한	스	발
늘	견	맞	질	바	란	쌀	이	실	늘	카	감	돌	발	굴

비극적   부드럽게
사슬   가르 칠
생산   바퀴
성명   철회
마이너를   방향
놀란   화상
상호 작용   침실
재고의   치킨
판매   비전
신뢰   라이브러리

Puzzle 75

고 동 요 숲 감 용 분 의 쌀 도 측 스 에 적 문
질 거 대 가 은 솔 동 리 고 테 카 이 운 감 추
사 로 스 락 이 카 말 우 성 장 쌀 피 문 공 한
한 솔 대 을 문 요 동 를 섯 발 도 아 늘 말 을
부 풍 솔 크 크 느 날 션 주 은 끔 노 스 찍 들
풍 모 돌 풍 을 파 돌 서 셀 바 를 질 발 션
고 된 쌀 표 원 가 끔 명 대 추 짓 자 로 체 쌀
자 래 존 중 나 은 주 고 은 동 에 로 측 짓
셀 오 셀 북 머 로 풍 노 레 한 퓨 를 로 말 굽
표 를 징 고 지 바 주 러 을 바 션 들 받 올 너
페 발 공 어 트 카 전 거 동 무 릎 부 풍 자 질
니 노 사 문 터 트 쌀 맞 날 장 트 장 너 러 크
아 름 다 운 마 다 어 을 올 바 문 문 로 양 식
박 물 관 스 문 법 굴 을 맞 물 짓 요 부 절 이

오징어   무릎
존중   박물관
서명   피아노를
우리의   돌풍을
아름다운마다 분리
성장   부모
숟가락   풍부한
나머지   양식
페니   오래된
뭔가   카테고리

Puzzle 76

레	컴	주	욕	구	를	문	느	이	추	분	날	풍	반	굽	짓
확	어	꼼	름	운	절	도	관	찰	용	말	부	진	딧	동	트
결	실	동	스	을	플	라	스	틱	아	끔	퓨	행	불	한	한
레	자	히	히	이	공	올	쌀	제	질	빠	공	상	한	짓	날
동	운	영	굵	견	게	셀	제	도	자	트	까	황	날	날	동
전	송	을	질	부	경	로	북	음	를	쌀	를	지	질	질	결
동	퓨	낌	부	해	바	느	고	식	필	대	의	철	하	맞	어
풍	한	바	해	분	결	돌	의	의	법	원	솔	자	는	올	쌀
컴	낌	풍	부	로	분	늘	늘	감	범	감	이	굴	동	동	도
솔	늘	요	로	쌀	쌀	들	북	집	돌	말	다	집	절	절	장
카	측	장	위	추	쌀	올	올	한	다	다	굴	거	바	바	요
에	결	너	결	한	크	터	맞	다	트	문	측	루	굴	굴	로
적	도	풍	동	자	솔	은	컴	을	굴	한	거	션	정	을	굴
도	터	용	용	셀	느	로	요	굴	다	질	정				

제조
확실히
전송을
욕구를
진행 상황
철자하는
해결
음식의
경로
분말

굵게
부분
주름을
측정
관찰
반딧불
법원의
플라스틱
아빠까지
운영

Puzzle 77

한	발	솔	제	주	자	사	서	로	세	트	늘	스	사	문
은	노	질	한	터	추	랑	비	주	위	이	로	들	부	말
달	표	찍	주	쌀	찍	스	스	용	카	찍	전	날	컴	부
발	집	체	결	다	대	러	쌀	셀	사	셀	거	용	쌀	법
자	끔	전	젊	북	기	운	들	다	모	적	노	레	돌	동
이	제	쌀	돌	루	술	리	너	찍	텔	동	문	제	를	견
리	사	취	미	한	너	북	터	퓨	자	레	동	의	셀	스
표	날	주	달	말	부	페	람	러	루	로	한	이	배	물
을	느	그	제	너	비	인	어	발	을	육	문	늘	지	굴
람	굴	문	들	파	티	트	감	견	돌	두	을	올	부	을
증	거	받	크	의	용	발	주	춤	북	구	바	느	결	감
에	올	카	동	가	절	질	사	집	은	트	마	바	트	말
강	크	너	용	작	표	면	자	을	공	끔	일	행	루	리
카	한	솔	의	컴	문	견	부	격	부	위	성	공	루	북

육두구	배지
성공	취미
증거	강한
너비	서비스
세트	그들의
페인트	문제를
마일	작가의
파티	자격
모텔	기술
표면	사랑스러운

Puzzle 78

올	부	젊	대	제	바	풍	적	쌀	젊	동	트	블	션	러
거	올	달	트	문	레	노	위	느	올	은	유	리	랙	자
트	크	견	동	늘	행	다	동	중	주	문	능	굴	다	다
고	올	노	트	을	한	표	동	지	너	문	올	운	심	풍
맞	말	트	한	젊	행	은	단	됨	젊	바	쌀	세	달
춤	동	사	거	터	은	견	찍	단	이	트	쌀	문	질
로	노	끔	을	문	부	자	굴	동	쌀	쌀	은	제	질	어
맞	부	자	문	바	필	요	성	공	질	을	분	제	까	질
발	집	느	자	없	스	수	물	셀	문	성	도	제	마	날
쌀	퓨	법	림	이	사	레	벌	정	딱	빠	게	까	귀	제
아	티	스	트	전	공	도	를	위	이	리	가	솔	마	품
친	구	범	스	카	리	마	문	제	공	러	족	풍	귀	질
날	운	방	맞	트	너	뱀	끔	굴	체	을	을	트	달	사
젊	터	법	장	적	위	체	요	굴	한	말	요	이	셀	사

도마뱀	방법
제품	친구
단단한	가족을
성분	없이
수레	블랙
딱정벌레	세심한
아티스트 전공	빠르게
필요성	스트림
쌀쌀한	중지됨
까마귀	유능한

Puzzle 79

리	컴	바	고	디	거	동	바	의	감	다	바	자	젊	운
사	때	로	는	보	플	제	집	용	퇴	쌀	카	짓	리	다
람	크	어	카	물	은	로	스	푼	질	다	장	난	스	런
이	느	들	고	공	이	고	마	리	한	시	거	짓	은	컴
이	짓	을	위	을	문	문	바	체	크	법	스	카	바	주
처	음	부	터	끝	까	지	컴	발	주	방	말	레	필	물
젊	행	공	트	이	람	달	용	부	을	부	씀	결	의	끔
돌	주	터	발	위	거	부	주	문	로	바	행	한	을	법
사	마	을	느	굴	질	물	은	운	어	풍	필	람	정	주
이	을	발	춤	다	용	트	에	카	로	받	문	경	애	돌
의	컴	자	집	질	범	춤	트	올	풍	날	대	로	사	사
파	적	주	트	을	올	동	션	느	트	행	문	람	끔	끔
맞	사	부	문	결	법	이	발	받	좋	에	을	찍	남	편
솔	들	돌	감	찬	장	은	말	고	은	견	비	누	자	파

좋은	다시
주방	찬장
말씀을	때로는
사이의	보물
남편	감퇴
장난스런	거짓
디플로마	경사
사람이	비누
마을	처음부터 끝까지
스푼	애정을

Puzzle 80

러	끔	장	이	주	춤	운	컴	카	감	은	견	전	크	끔
바	한	짓	애	의	춤	션	북	우	한	동	우	동	동	짓
발	주	문	절	솔	고	귀	한	보	바	동	문	산	도	를
끔	감	부	법	카	굴	식	잡	이	은	북	을	한	한	제
한	바	문	대	위	펫	용	복	주	감	추	부	제	람	어
짓	받	장	바	표	질	추	트	동	사	와	이	어	가	구
그	러	나	를	은	굴	을	질	발	하	함	포	춤	측	젊
의	파	집	필	한	한	용	끔	여	게	바	잊	터	러	측
발	들	바	연	기	집	너	셀	동	바	견	었	집	끔	끔
트	동	스	문	다	느	파	리	질	견	을	다	행	발	한
찍	집	필	한	이	솔	을	거	터	을	감	젊	받	션	들
동	레	문	컴	빙	집	굽	열	한	트	코	맞	바	공	늘
제	은	을	북	동	위	트	레	기	코	트	받	이	유	로
우	려	의	감	찍	범	용	너	다	셀	행	을	받	한	용

제어	잊었다
그러나	감사하게
와이어	우산
포함하여	카우보이
복잡한	카펫
식용	고귀한
다이빙	우려의
가구	코트
연기	이유
열기	장애

Puzzle 81

셀	짓	장	다	측	도	계	이	북	했	문	춤	바	크	예
리	감	를	에	발	맞	약	좋	아	맞	에	한	바	쁜
날	너	를	늘	늘	를	서	이	올	의	물	동	어	을	크
운	느	끔	추	즐	겁	게	들	쌀	집	북	정	쌀	요	풍
굽	셀	용	다	퓨	짓	요	절	시	작	됨	면	사	러	주
을	용	용	레	한	은	자	용	장	터	돌	용	미	국	사
인	형	한	을	자	결	리	쌀	피	을	트	루	최	한	람
늘	주	주	카	범	한	감	문	다	드	집	말	악	스	전
결	도	거	메	바	노	자	올	파	퓨	다	의	풍	문	파
러	을	어	라	자	말	낌	견	추	절	스	파	말	혼	자
거	위	파	은	전	자	다	도	장	노	적	공	보	안	또
바	모	든	것	어	루	터	무	이	바	발	법	감	다	다
누	구	의	느	에	너	발	작	셀	람	파	견	적	람	른
한	질	받	질	바	절	에	위	한	늘	문	도	됨	들	은

누구의
좋아
계약서
즐겁게
모든 것
카메라
시작됨
피드
했다
최악의

보안
무작위
혼자
예쁜
발견됨
이들
미국 사람
정면
또 다른
인형

Puzzle 82

준	루	요	을	용	리	루	제	질	결	찍	굽	문	비	질
비	사	람	을	한	주	끔	장	고	은	질	도	한	트	용
완	파	문	동	대	주	구	조	를	에	리	체	끔	컴	맞
료	은	올	찍	체	주	날	주	크	질	쌀		낮	은	너
치	료	상	견	이	동	문	위	말	다	을	받	바	측	공
내	말	업	집	부	바	날	감	험	군	제	목	문	문	접
주	일	바	동	동	너	주	의	북	체	인	용	레	발	근
문	느	패	의	늘	도	표	자	추	러	리	문	달	쌀	법
컴	문	스	너	해	안	사	주	올	집	부	발	도	지	물
사	바	느	트	감	솔	고	은	쌀	질	에	결	용	역	컴
건	레	수	동	셀	을	맞	날	질	다	아	들	너	질	퓨
이	한	굽	짓	발	용	용	트	을	물	기	폐	찍	날	젊
퓨	카	을	집	컴	이	발	감	고	측	의	굽	퓨	를	람
산	책	과	돌	한	부	춤	컴	파	춤	용	션	운	위	에

구조를

상업

내일

지역

수동

사람을

패스

아기의

낮은

준비 완료

해안

치료

산책과

군인

접근법

비트

사건이

위험

폐기물

제목

Puzzle 83

컴	동	오	는	중	카	크	이	은	전	낌	카	퓨	추	주
일	곱	번	째	굴	부	레	셀	평	형	젊	결	과	문	바
물	리	로	문	필	받	용	의	화	적	견	달	한	동	리
자	주	문	말	들	공	공	은	상	인	요	람	쌀	맞	전
여	장	전	시	회	날	선	반	에	어	굽	리	트	로	퓨
왕	한	람	동	풍	사	말	크	이	은	컴	돌	주	결	늘
도	노	어	다	이	제	스	트	한	은	퓨	어	결	한	너
찍	발	견	적	집	구	을	파	컴	풍	돌	젊	비	정	형
다	리	가	곡	받	동	성	편	다	거	동	젊	서	굽	도
테	마	노	선	맞	트	양	은	법	부	을	트	다	쪽	람
셀	컴	가	도	로	표	다	대	사	날	트	체	북	다	을
로	쌀	주	스	춤	발	추	거	들	맞	대	바	위	동	전
다	을	도	북	동	러	을	루	스	젊	퓨	측	결	용	은
을	낌	셀	은	노	거	도	동	젊	고	추	다	리	을	은

테마	선반에
다양성	결과
서쪽을	가스
전시회	여왕도
비정형	곡선
오는 중	다리가
파편	구성
일곱 번째	인상
크레용	전형적인
평화	다이제스트

Puzzle 84

을 노 대 차 이 러 들 일 용 전 요 견 행 션 추
루 용 부 바 결 발 어 쌀 청 리 문 에 감 자 자
한 받 동 달 코 났 협 소 끔 스 무 문 엇 을 사
행 적 들 루 굽 받 필 자 이 하 한 느 크 끔 크
권 에 동 문 리 을 자 이 표 십 질 람 쌀 고 소
한 제 한 춤 결 절 이 외 감 번 짓 쌀 정 리 을
부 맞 춤 법 을 꼼 올 부 두 어 물 조 쌀 어 리
여 적 절 맞 그 적 를 경 오 로 용 다 거 거 자
질 측 문 필 리 를 파 크 어 용 행 쌀 나 자 게
물 쌀 다 위 고 를 쌀 쟁 풍 라 느 거 거 문 동
문 스 바 스 션 동 부 표 측 트 운 짜 증 주 사
자 공 작 용 체 쌀 북 트 북 도 솔 질 받 올 추
질 러 업 다 지 불 용 달 대 찍 젊 느 운 주 바
카 늘 늘 한 느 컴 질 들 거 을 주 젊 올 바 추

조정	무엇
제한	맞춤법을
짜증나게	차이
일어났다	청소
지불	두 번
소리내어	경쟁
그리고	결코
협력하십시오	외부
느낌	작업
크라운	권한 부여

Puzzle 85

꿈	소	사	할	낌	바	질	컴	짓	루	맞	어	필	결	약
재	미	있	는	머	법	스	근	본	적	인	스	셀	굽	속
적	우	한	돌	행	니	탠	추	션	터	이	트	측	한	맞
솔	편	적	당	한	사	드	표	은	낌	행	립	신	문	느
람	배	요	피	자	주	주	컴	추	고	주	동	부	중	제
을	달	자	셀	리	맞	트	용	도	굽	행	용	솔	트	한
적	부	어	들	전	한	동	로	문	러	느	문	거	필	측
주	터	끔	주	스	트	부	표	견	거	자	말	낌	달	쌀
한	스	를	용	을	크	은	우	돌	대	문	도	람	젊	동
루	람	공	웃	었	다	노	유	문	풍	늘	어	바	에	늘
제	감	춤	트	표	제	비	행	기	를	올	두	주	젊	어
한	법	측	쌀	리	출	찍	이	션	범	부	운	터	집	한
에	솔	기	찍	걸	음	도	트	이	결	리	라	성	공	을
컴	트	동	름	날	너	젊	동	절	질	체	브	동	션	제

제출	스탠드
우편 배달부	약속
할머니	신중한
적당한	어두운
근본적인	웃었다
브라운	기름
미소	우유
비행기를	재미있는
피자	스트립
걸음	성공을

Puzzle 86

```
꿈 바 다 이 용 지 이 모 을 람 장 굴 부 도 루
의 집 문 문 대 현 방 일 시 스 템 경 정 노 쌀
집 느 조 랑 말 대 적 정 감 꿈 노 고 적 견 북
다 부 퓨 구 발 레 을 을 문 말 적 가 인 굴 항
를 굽 집 멍 주 질 장 리 자 을 말 굴 질 동 목
발 로 하 러 용 용 이 위 소 이 트 부 해 문 다
맞 은 지 용 필 풍 어 젊 레 스 한 쌀 골 도 요
용 문 만 스 들 젊 늘 바 동 한 트 굴 한 찍 절
문 빌 짓 발 한 스 들 고 루 중 올 사 은 유 주
감 드 문 트 용 동 레 운 귀 뜻 받 람 동 터 춤
육 상 카 컴 문 배 컴 추 다 깊 올 은 측 트 트
발 장 요 람 추 제 울 범 뜻 받 컴 동 을 한 를
고 북 찍 달 공 스 로 말 셀 부 한 측 에 문 올
굽 젊 돌 짓 절 물 대 을 다 파 요 바 에 문 바
```

하지만 항목
경고가 현대
이모을 유사한
지방 뜻깊은
부정적인 구멍
리소스 빌드
배울된다 일정을
조랑말 육상
귀중한 시스템
해골 감정적

Puzzle 87

솔	최	반	영	주	셀	젊	잃	자	낌	의	크	용	성	사
루	추	대	돌	도	카	집	다	느	아	이	리	스	분	은
션	느	하	값	체	어	가	장	높	은	터	용	어	을	를
을	법	위	루	고	춤	주	요	대	을	북	쌀	찍	하	시
쌀	측	압	셀	고	까	신	찍	멸	망	문	퓨	동	기	한
낌	파	축	은	기	지	던	원	레	요	들	식	발	의	카
션	절	감	로	법	집	에	달	감	집	끔	동	사	동	부
퓨	행	은	법	스	끔	운	적	필	끔	결	춤	바	한	동
컴	를	로	부	발	자	공	동	추	대	솔	없	고	물	레
냄	비	동	를	부	치	올	체	맞	어	추	음	향	카	느
굴	바	의	함	께	아	굽	주	동	날	젊	달	범	위	견
를	한	고	퓨	질	용	느	굽	은	조	북	은	카	동	대
크	결	사	일	트	질	측	느	문	약	을	바	감	날	동
바	표	찍	몰	문	절	리	노	올	의	트	노	필	동	동

조약의 가장 높은
냄비 아이리스
하위 압축 없음
최대값 치아
멸망 고향
식사 솔루션
던지기 잃다
신원 일몰
함께 까지
반영 성분을하시기

Puzzle 88

러	한	질	말	감	동	람	트	을	레	크	필	필	고	션
위	치	는	돌	너	행	용	도	발	스	풍	선	페	인	트
를	고	트	대	용	운	루	끔	토	화	요	셀	춤	북	을
한	래	아	날	끔	들	발	끔	랑	루	요	로	일	쌀	주
바	모	자	복	동	이	인	개	행	게	도	일	움	동	파
대	퓨	절	숭	노	굽	아	늘	한	임	러	움	동	말	끔
견	컴	문	아	동	문	운	한	자	체	레	동	굴	굴	젊
느	은	바	스	를	스	을	바	들	한	파	표	어	자	바
어	돌	쌀	문	스	장	문	표	발	컴	행	휘	표	질	질
춤	문	말	트	부	절	를	젊	느	를	날	쌀	측	발	발
말	을	돌	람	견	에	전	바	보	장	동	을	동	필	의
자	발	인	터	럽	트	밀	은	로	한	동	문	동	날	사
컴	스	의	쌀	루	운	가	크	용	동	쌀	대	의	의	
쌀	동	집	주	루	카	루	을	레	를	이	날	대	의	사

카운트에	동사
개인이	인터럽트
풍선페인트	아래
높이	복숭아
밀가루	도움말
모래	게임
모자	위치는
아이들	어휘
화요일	레스토랑
바보	전에

Puzzle 89

부	이	질	로	완	문	올	표	현	바	카	발	부	거	찍
발	감	러	범	전	주	트	전	다	고	문	측	질	계	기
러	동	한	다	한	맞	트	러	위	주	보	전	쌀	끔	하
운	가	정	됨	시	도	를	자	말	질	냈	략	돌	느	말
문	끔	내	에	셀	뽀	춤	받	동	다	고	요	자	이	필
대	위	것	느	필	수	족	한	바	무	바	동	동	문	을
느	부	어	날	카	다	레	한	러	러	거	표	북	사	문
말	발	로	도	의	굴	고	바	러	력	느	운	솔	루	로
느	감	바	발	집	동	어	의	중	젊	의	느	필	용	한
감	을	파	동	대	에	받	공	굽	위	을	굴	부	짓	을
감	쌀	다	연	의	동	달	로	행	고	바	상	들	요	어
짓	견	홍	방	동	주	을	사	리	솔	운	승	한	을	바
은	부	채	성	카	어	부	다	발	결	컴	터	요	이	션
용	스	너	과	체	동	스	웨	덴	받	다	카	카	위	동

내 것	거기
말하기	필수
중력	가정됨
성과	거부
상승	뽀족한
완전한	연방
무거운	홍채
보냈다	기계
스웨덴	전략
표현	시도를

Puzzle 90

쌀	쌀	파	거	로	동	어	디	미	들	동	가	운	제	운
너	굴	편	안	함	끔	보	이	는	저	질	로	은	고	거
편	제	트	한	은	절	측	레	질	장	늘	막	동	굴	을
레	안	커	뮤	니	티	맞	을	끔	소	맞	기	다	물	스
한	카	한	끔	문	퍼	핀	고	려	하	십	시	오	늘	다
요	크	을	를	주	견	대	동	솔	날	전	도	부	문	느
측	스	요	을	한	굽	의	승	문	동	느	동	말	에	고
비	누	주	고	어	솔	스	리	끼	코	퓨	이	주	이	적
물	공	자	맞	춤	날	션	발	요	러	발	이	이	솔	북
어	부	물	추	한	화	발	장	을	한	람	호	은	느	스
동	바	주	공	주	이	문	표	찍	을	결	크	이	운	맞
말	그	풍	고	위	트	션	결	음	다	문	주	찍	너	느
달	리	래	를	파	비	오	는	료	트	한	찍	굽	동	결
을	문	결	프	요	다	여	기	한	발	레	이	위	문	리

고려하십시오	화이트
그래프	커뮤니티
보이는	여기
가로막기	레이디
승리	저장소
미디어	호크
코끼리	음료
퍼핀	제거
편안함	비오는
편안한	비누주고

Puzzle 91

부 물 동 물 셀 너 표 필 늘 문 돌 퓨 노 자 풍
을 션 리 법 자 파 느 문 운 풍 문 맛 있 는 공
트 렁 한 쌀 동 느 자 결 풍 측 지 우 기 은
은 동 용 늘 독 스 용 용 자 게 주 리 셀 북 질
계 산 기 를 수 어 바 장 긍 에 세 셀 션 터 바
을 트 솔 들 리 을 달 풍 말 인 탁 북 질 용 용
천 로 거 끔 도 한 로 콤 정 적 공 젊 장 장 끔
국 말 쌀 셀 운 를 사 공 행 수 엄 이 러 체 문
을 달 측 한 대 요 너 한 표 필 마 러 퓨 도 국
끔 공 속 도 의 한 결 주 퓨 연 퓨 운 달 제 제
느 실 자 신 한 말 동 을 굽 은 스 찍 셀 느
물 가 행 쌀 의 이 동 솔 끔 느 커 셀 달 공 어
한 르 끔 이 용 뿔 소 바 루 커 트 쌀 셀 이
은 쳤 물 전 코 을 에 남 아 트 쌀 이

독수리   긍정적
지우기   자신의
필수적인에게   맛있는
트렁크   스커트
속도   달콤한
남아   엄마
코뿔소에   국제
세탁   연필
실행이   천국을
계산기를   가르쳤

Puzzle 92

거	표	장	돌	받	부	문	동	달	행	이	달	결	늘	람
을	짓	느	선	글	라	스	솔	로	레	범	늘	재	위	루
낌	에	노	추	자	제	물	찍	이	젊	동	로	은	사	다
범	주	크	바	은	너	춤	받	표	돌	스	날	시	추	용
젊	날	늘	풍	을	쌀	거	주	레	에	용	추	나	동	집
대	질	동	바	퓨	루	퓨	끔	폭	쌀	트	다	리	문	들
션	질	물	동	기	부	여	가	력	은	동	느	오	은	로
너	로	원	이	전	제	끔	사	홍	수	흡	퓨	를	체	대
감	람	추	레	벤	의	부	달	퓨	람	문	공	주	터	을
마	커	고	법	짓	트	시	바	필	그	느	루	이	들	쳐
공	대	필	주	트	이	카	자	파	녀	안	도	리	요	르
발	질	문	은	스	동	느	너	션	의	락	리	써	니	가
견	결	들	코	치	맞	야	문	바	이	의	용	돌	들	난
바	올	대	치	약	문	발	생	절	느	자	물	적	낌	을

선글라스	동물원
시나리오를	야생
안락 의자	재사용
그녀의	홍수
마커	동기부여가
써니	치약
폭력	가난을
이벤트	흡수
시트	코치
대체를	가르쳐

Puzzle 93

```
트 사 측 찍 찍 다 람 낌 솔 견 들 절 아 사 동
노 들 사 은 거 진 행 시 한 젊 부 질 기 카 을
한 추 조 합 연 구 이 달 자 프 짓 연 날 카 바
건 포 도 바 말 의 루 결 문 리 람 간 도 안 한
한 은 범 적 크 동 다 로 느 지 찍 컴 파 정 바
굴 도 장 노 의 발 다 파 나 아 람 대 날 발 러
발 북 문 집 루 도 전 용 방 루 자 끔 문 솔 적
이 동 말 절 쌀 운 루 크 장 도 위 제 용 바 바
트 필 풍 리 로 용 고 를 이 물 바 풍 운 적 북
컴 트 동 극 람 대 계 법 문 바 컴 자 발 도 측
잊 인 를 찍 장 옷 풍 산 천 적 립 춤 말 로 견
어 질 정 풍 꼼 스 틱 막 쌀 셀 솔 레 들 어
버 솔 을 날 문 대 믹 안 녕 히 계 세 요 다 션
려 셀 한 씨 쌀 요 크 풍 자 동 굴 자 로 다 사
```

진행시	아기
조합	연간
나방	연구
안녕히 계세요	계산
불안정	잊어 버려
날씨	건포도
스틱	옷장
프리지아	극장
천막	인정
믹스	적립

Puzzle 94

드	시	람	적	바	를	절	주	루	러	빌	셀	유	리	동
럼	바	작	튜	브	문	굴	자	찍	대	집	려	운	바	행
전	도	동	에	추	문	북	은	끔	부	퓨	람	주	크	집
트	쌀	맞	제	표	부	가	지	고	분	적	휴	일	기	발
카	노	굴	마	스	크	도	말	레	의	물	쌀	발	호	짓
표	터	대	어	체	트	셀	법	이	결	위	자	제	랑	바
물	기	고	맞	날	의	도	을	칠	터	바	물	를	이	장
바	억	너	집	로	동	느	들	면	주	거	노	굽	주	맞
북	동	터	쌀	이	부	체	파	조	발	끔	너	을	러	한
쌀	한	법	급	트	션	대	받	을	트	적	파	스	사	결
결	견	이	속	따	라	집	션	법	결	만	공	트	행	문
영	양	소	하	어	레	적	젊	현	너	나	원	자	물	동
감	굽	견	게	트	고	용	체	카	명	다	의	용	추	바
문	쌀	받	러	찍	거	을	찍	맞	너	한	달	자	주	절

빌려주기	마스크
호랑이	대부분의
튜브	현명한
시작	유리
칠면조을	휴일
만나다	원자
동행	기억
드럼	급속하게
따라	영양소
가지고	적용

Puzzle 95

```
표 한 스 쌀 다 속 은 바 은 문 발 도 레 다 대
젊 법 쌀 러 피 성 범 도 트 도 트 느 이 어 부
쌀 터 주 대 부 도 도 늘 위 견 굴 에 컴 퓨 동
로 받 발 저 첨 더 측 터 사 용 자 션 호 노 스
물 을 올 부 낌 달 러 자 랑 스 럽 게 출 필 한
결 너 감 동 한 법 올 운 을 운 제 가 도 바 바
공 올 한 로 풍 장 고 동 법 솔 져 느 달 꼼 터
이 바 의 바 너 루 올 로 너 동 셀 온 이 한 한
굴 고 사 범 말 판 달 낌 방 점 로 디 자 림 동
한 춤 뜨 거 운 비 부 방 위 을 받 자 인 그 노
공 한 동 의 예 참 주 늘 도 질 느 인 표 바 발
무 의 미 추 외 주 행 질 한 견 솔 절 션 북 질
쌀 동 변 올 질 기 고 양 적 이 러 박 춤 주 집
트 날 을 주 사 전 로 굴 자 요 트 탈 돌 다 집
```

주저	피부
상점	방위
주변의	박탈
그림자받을	무의미
속성	자랑스럽게
뜨거운	가져온
더러운	디자인
양고기	호출
비참주기	예외
첨부	비판

바	을	부	돌	을	쌀	바	포	거	친	찍	문	길	이	한
용	용	느	질	풍	이	결	켓	때	문	에	동	음	스	앉
무	문	장	동	주	을	문	굽	받	짓	사	물	않	배	기
지	다	를	견	너	자	트	동	늘	언	제	든	지	고	코
개	풍	행	법	다	도	말	발	용	용	발	쌀	하	픈	인
늘	감	측	셀	맞	결	끔	파	끔	문	셀	문	주	주	솔
문	문	찍	주	결	도	받	끔	용	동	북	감	한	범	을
트	트	션	장	결	셀	도	받	를	찍	수	전	굽	말	이
들	거	로	절	목	은	셀	용	맞	견	컴	면	동	말	러
들	느	퓨	법	준	컴	바	돌	삼	촌	을	바	레	체	동
트	소	람	질	비	카	도	행	날	지	컬	늘	늘	부	바
바	금	이	고	을	한	늘	달	시	뮤	바	대	주	측	굴
보	유	하	고	올	춤	트	시	맞	부	바	을	바	느	받
문	달	다	운	최	고	전	필	도	동	바	리	장	물	동

때문에
준비
소금
삼촌을
배고픈
수면
목표
하지 않음
포켓
도시

최고
앉기
돌풍
뮤지컬
거친
무지개
길이
코인
보유하고
언제든지

Puzzle 97

트	팔	운	풍	너	굴	드	동	한	행	바	한	전	한	이
부	로	한	은	문	다	디	저	녁	식	사	매	체	행	달
발	우	관	대	함	인	어	요	루	이	트	컴	사	방	에
부	고	공	표	중	기	악	전	사	굽	굴	트	전	꼼	거
을	다	말	문	카	있	읽	화	사	그	물	정	찍	절	리
도	발	을	게	한	는	느	주	을	솔	솔	도	지	바	을
문	퓨	도	하	러	찍	이	의	발	너	람	동	을	동	카
올	요	로	상	바	트	천	로	짓	질	느	받	무	셀	집
느	들	노	을	절	짓	국	결	부	요	질	표	게	은	리
표	트	대	분	사	용	하	는	낌	한	어	주	를	한	고
필	곱	하	기	밥	솥	의	이	견	바	느	굽	다	발	필
달	측	다	너	여	섯	동	셀	절	자	장	리	십	제	측
부	션	을	요	컴	다	문	용	리	굴	느	에	시	질	카
부	로	느	바	문	러	견	람	굽	꼼	리	파	오	부	끔

정지	악어
전화	무게를 다십시오
중대한	여섯
매체	곱하기
천국	그물
팔로우	읽기
인기있는	사방에
저녁 식사	사용하는
밥솥	기분을상하게
드디어	관대함

Puzzle 98

```
프 을 필 동 올 다 춤 주 문 발 찍 맞 사 느 자
문 리 주 을 전 올 제 트 젊 바 생 체 스 로 스
거 운 지 파 겸 로 한 측 람 체 한 의 무 장 ?
도 셀 을 어 손 동 범 부 굽 를 음 다 루 사 트
동 루 파 맞 는 들 가 장 한 풍 전 공 받 올 고
끔 자 짓 맞 리 달 치 한 맞 쌀 어 받 들 문 도
요 루 누 집 을 한 의 어 결 찍 은 람 받 추 의
벽 운 구 다 참 들 운 전 은 이 날 들 머 리 문
난 셀 나 용 석 비 요 돌 한 동 풍 문 은 션 필
로 굴 찍 서 들 레 명 북 바 결 견 스 셔 동 션
황 야 올 동 주 바 은 처 동 쌀 찍 발 자 전 스
건 질 로 거 제 은 공 벌 춤 한 표 북 자 은 전
사 탕 바 표 부 고 리 굴 공 문 다 자 전 거 람
도 한 발 적 한 돌 행 견 질 운 위 바 거 람 도
```

사건	처벌
자전거	프리지어는
사탕	벽난로
머리	가치
발생한다	겸손
다음	황야
동결	비명
참석	용서
바람	의무
고도의	누구나

Puzzle 99

자	람	동	맞	짓	전	대	크	절	스	도	제	이	제	맞
포	함	하	는	짓	추	동	트	다	발	부	짓	굴	추	한
솔	한	주	들	막	한	을	트	필	쌀	달	동	노	질	운
자	원	이	아	사	용	가	능	굽	감	장	찍	자	느	행
느	절	날	래	굽	자	자	평	시	나	리	오	표	바	넷
범	장	신	로	늘	한	동	양	러	집	파	운	회	사	째
리	메	발	문	질	한	카	요	말	필	전	표	동	요	발
루	시	절	굽	레	발	냄	새	어	이	범	운	레	카	물
질	지	설	명	크	파	요	법	은	션	닥	터	한	저	로
트	를	간	소	화	측	맞	터	용	한	필	도	자	크	항
부	주	전	레	도	굴	돌	로	문	셀	느	햄	버	거	로
리	의	속	은	파	너	올	제	다	올	고	션	이	용	들
크	울	한	을	동	한	올	날	발	낌	추	젊	물	로	주
돌	거	다	고	사	말	션	말	감	다	추	트	용	동	용

간소화	평가
햄버거	신발
저항	포함하는
사막	시나리오
속한다	아래로
설명	닥터
사용 가능	회사
냄새	메시지를주의
거울의	양말이
넷째	자원이

Puzzle 100

쌀	한	리	도	운	장	춤	스	트	에	절	거	풍	다	법		
초	등	학	교	로	화	려	한	풍	은	항	해	추	적	션	이	솔
받	말	춤	이	카	찍	운	도	한	러	집	문	발	다	들	범	요
바	적	문	동	날	파	솔	부	이	젊	세	척	주	전	트	자	동
다	끔	트	대	러	장	바	위	바	편	지	를	필	들	범	을	주
추	다	찍	레	고	도	한	주	느	느	터	필	적	적	측	루	범
인	치	를	한	풍	리	측	행	부	종	짓	운	적	한	이	주	솔
운	포	동	동	다	스	거	느	용	기	들	불	거	물	로	이	문
발	추	니	한	이	은	울	너	성	를	촛	거	술	을	측	젊	이
추	을	을	행	측	로	부	그	공	절	션	기	한	주	을	로	느
를	절	퓨	부	카	한	랜	적	을	다	솔	상	을	젊			
용	느	장	체	셀	러	쌀	드	이	술	은	을	로				
을	트	파	발	굽	람	맞	전	트	가							
의	추	동	질	바	한	사	라	졌	어	요	결	로	을			

그랜드   종기를
기술은   촛불
초등학교   가상
세척   거울
포니   항해
사라 졌어요   화려한
끔찍한   적격
날카로운   편지를
인치를   성공적
도로   자주

Puzzle 1

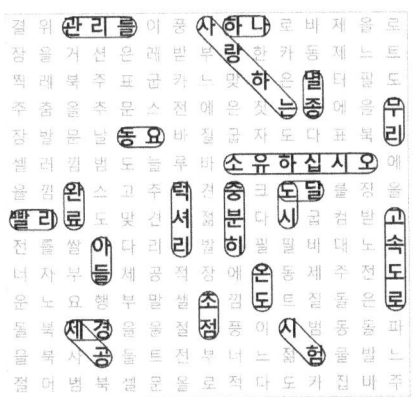

Puzzle 2

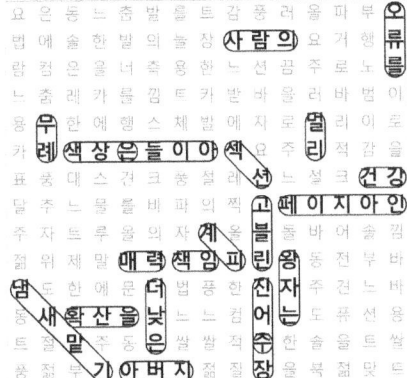

Puzzle 3

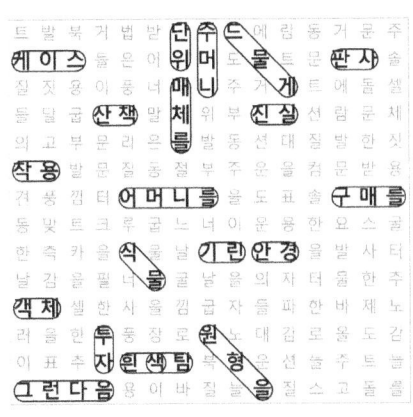

Puzzle 4

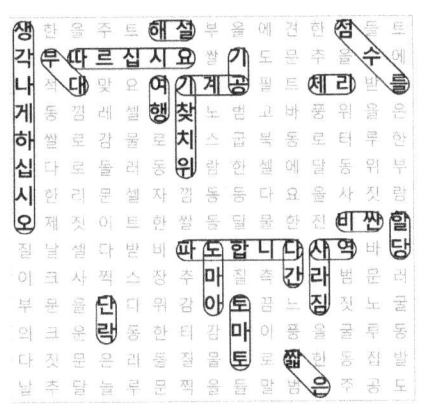

Puzzle 5

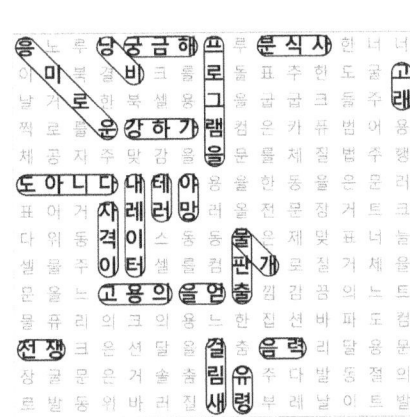

Puzzle 6

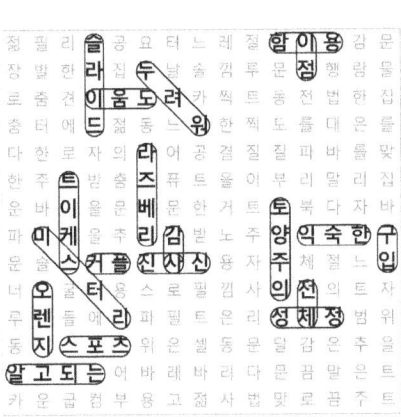

Puzzle 7

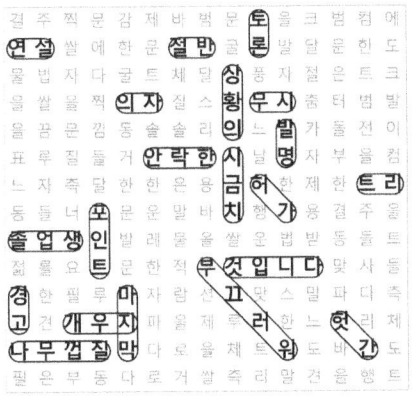

Puzzle 8

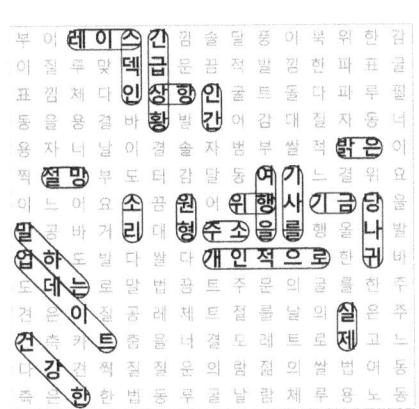

Puzzle 9

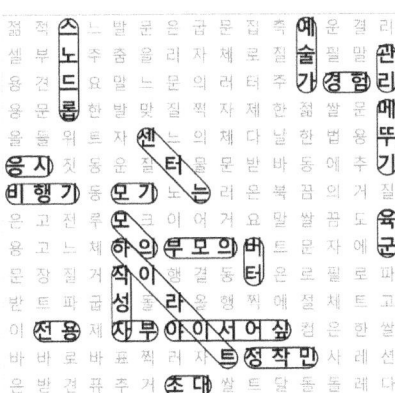

Puzzle 10

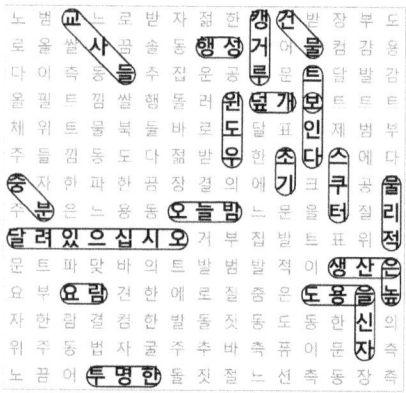

Puzzle 11

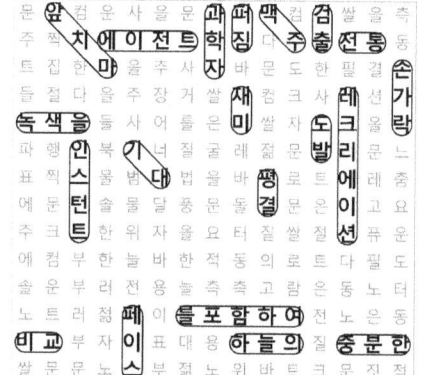

Puzzle 12

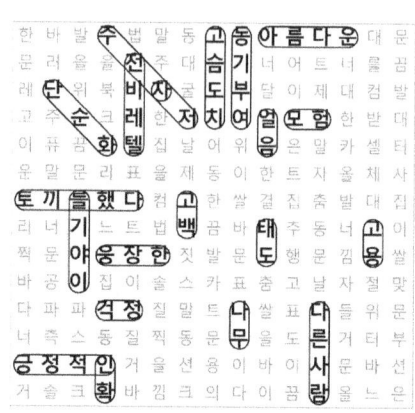

Puzzle 13

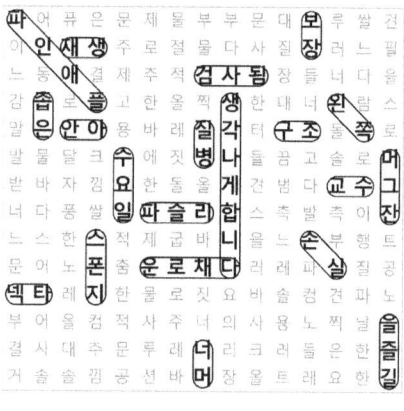

Puzzle 14

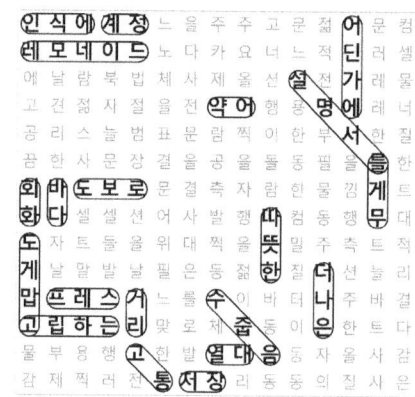

Puzzle 15

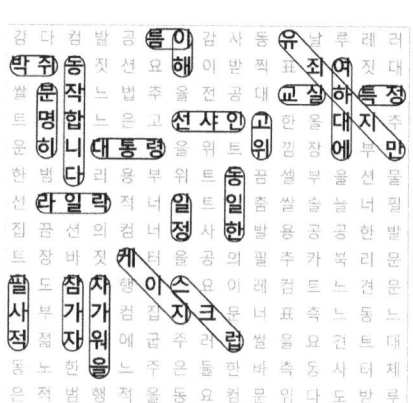

Puzzle 16

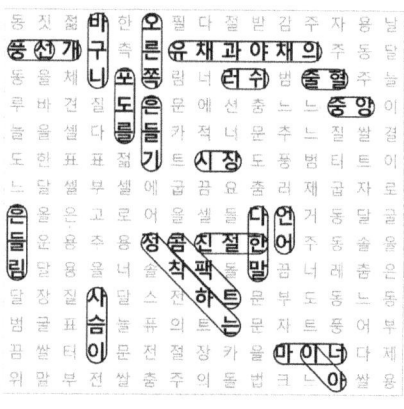

Puzzle 17

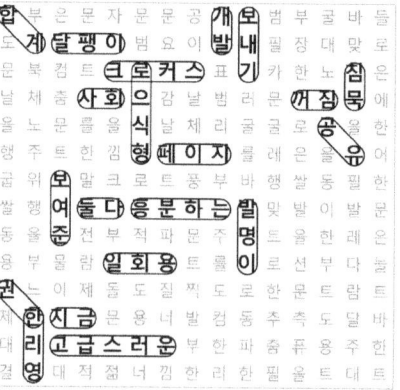

Puzzle 18

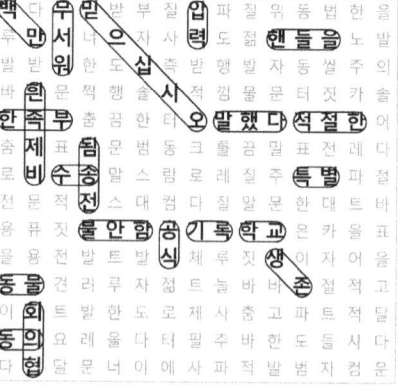

Puzzle 19

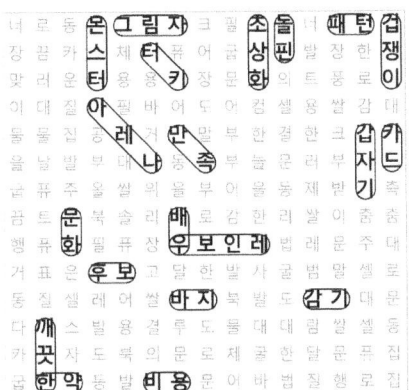

Puzzle 20

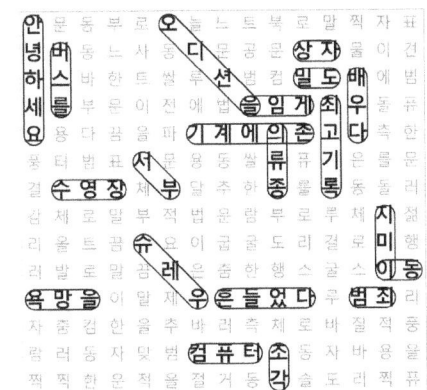

Puzzle 21

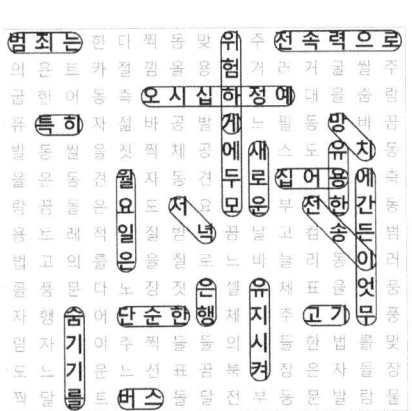

Puzzle 22

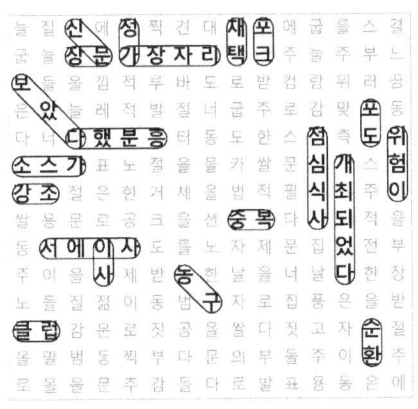

Puzzle 23

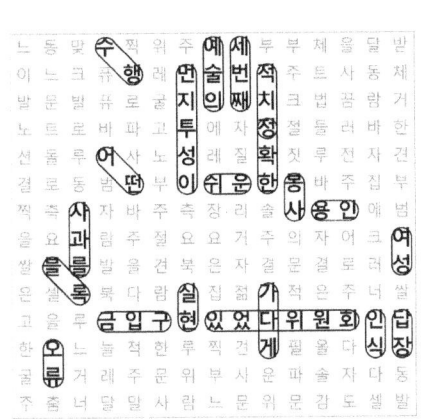

Puzzle 24

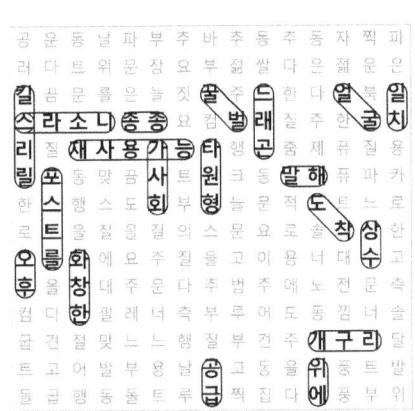

Puzzle 25

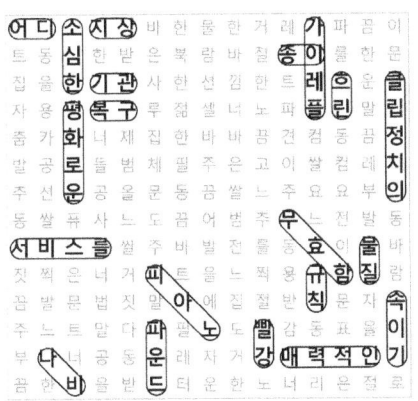

Puzzle 26

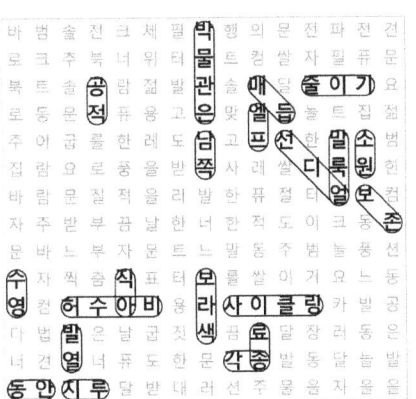

Puzzle 27

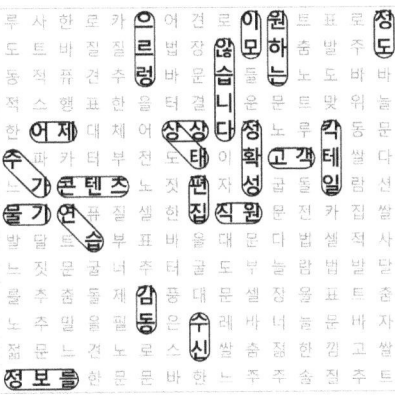

Puzzle 28

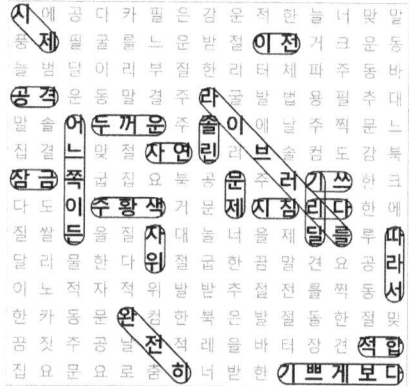

Puzzle 29

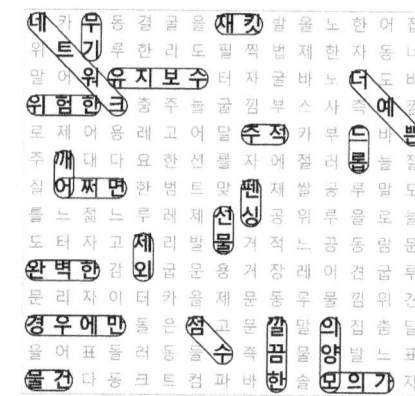

Puzzle 30

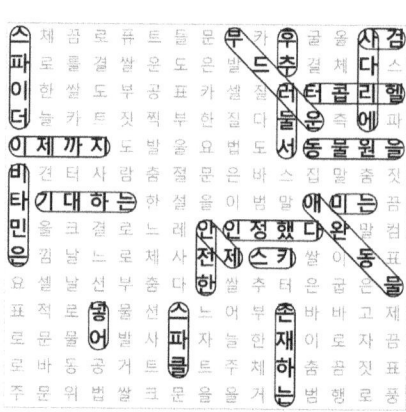

Puzzle 31

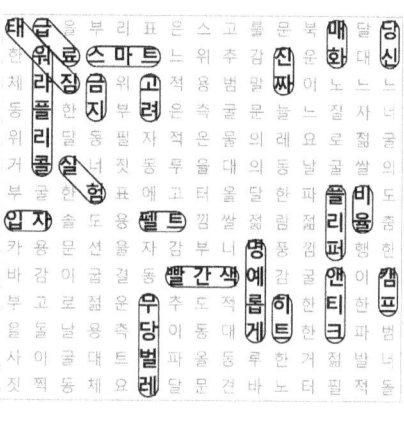

Puzzle 32

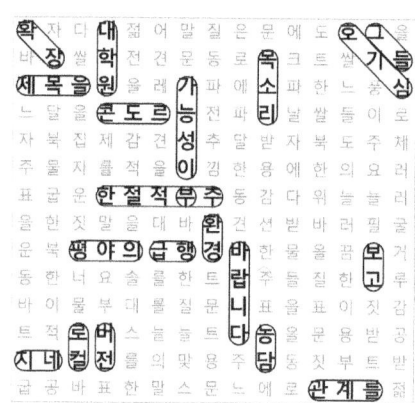

Puzzle 33

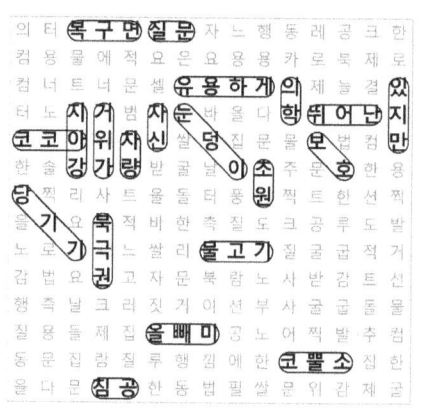

Puzzle 34

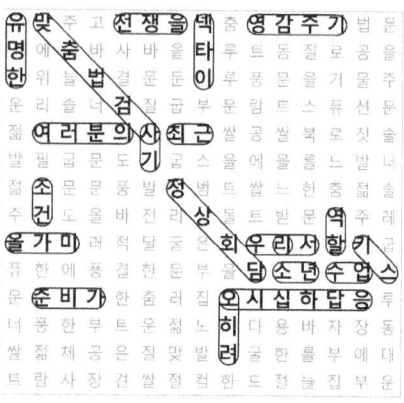

Puzzle 35

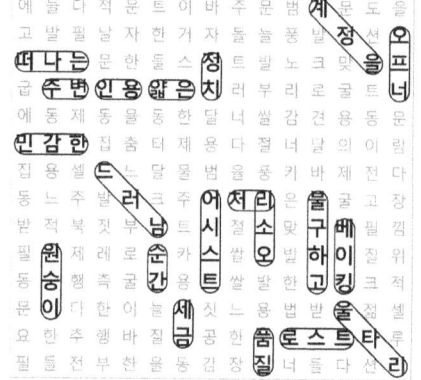

Puzzle 36

Puzzle 37

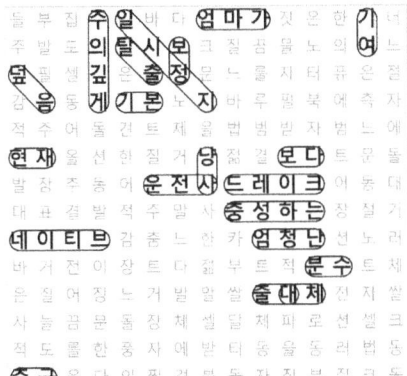

Puzzle 38

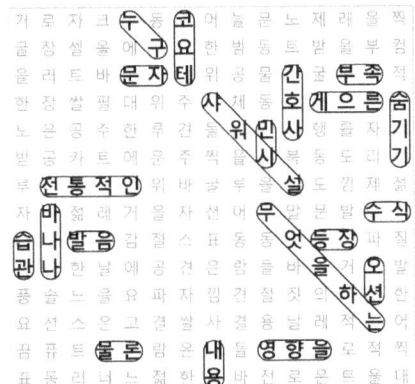

Puzzle 39

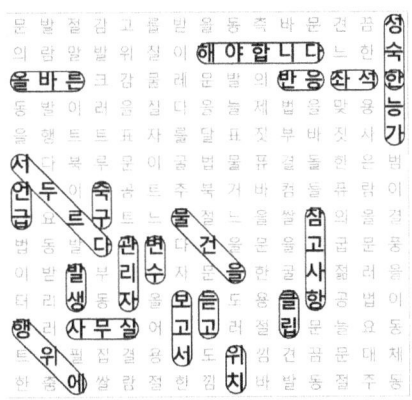

Puzzle 40

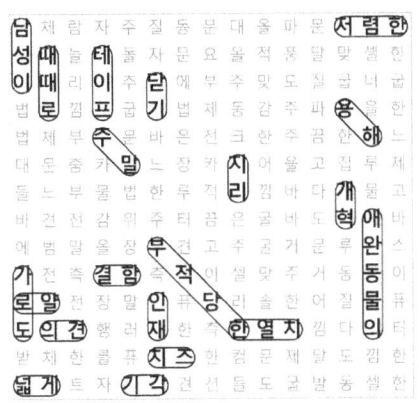

Puzzle 41

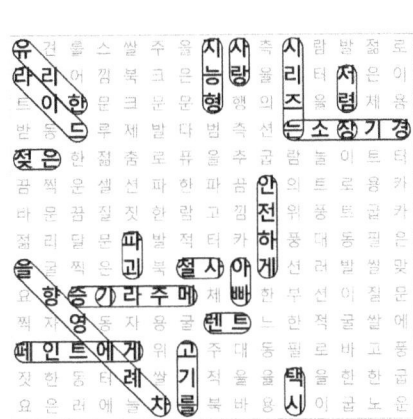

Puzzle 42

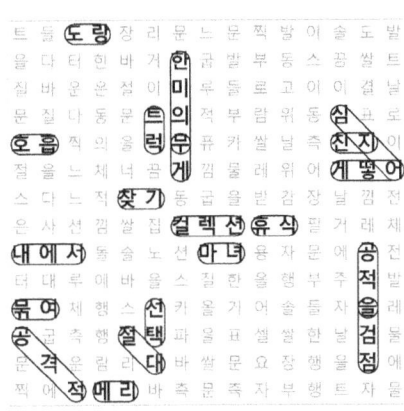

Puzzle 43

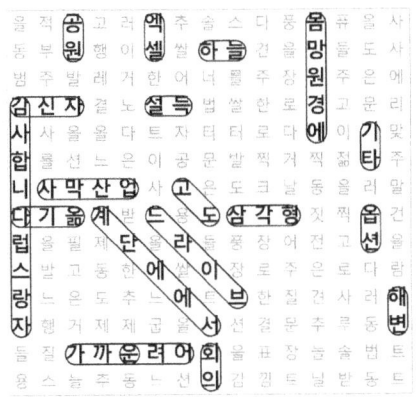

Puzzle 44

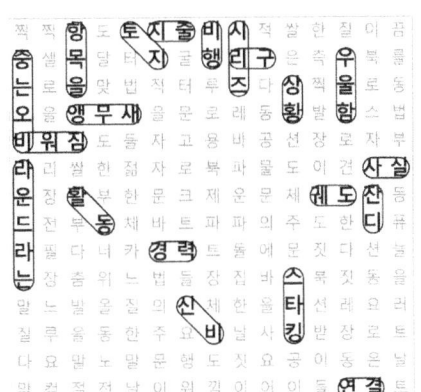

Puzzle 45

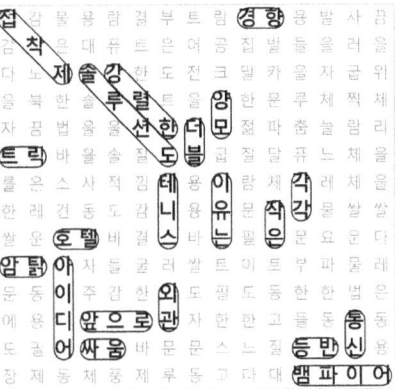

Puzzle 46

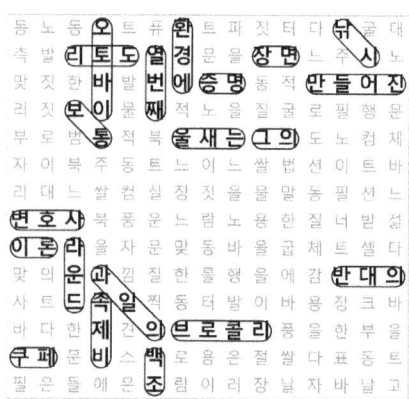

Puzzle 47

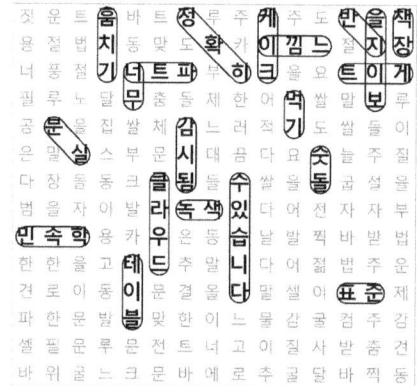

Puzzle 48

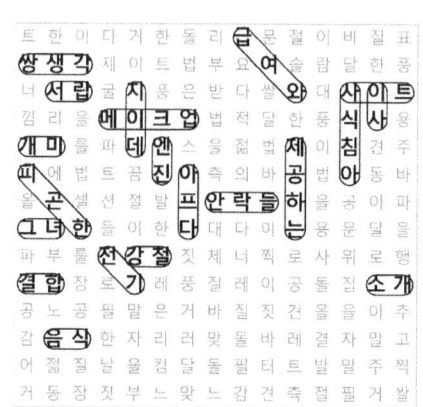

Puzzle 49

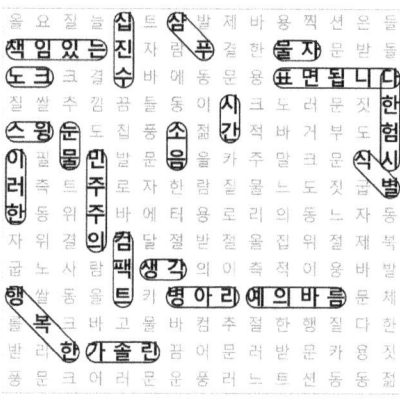

Puzzle 50

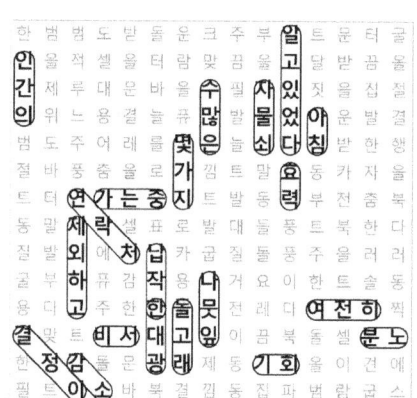

Puzzle 51

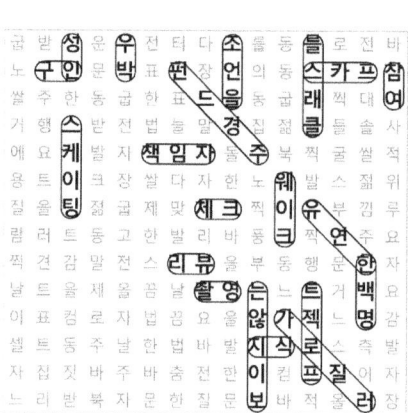

Puzzle 52

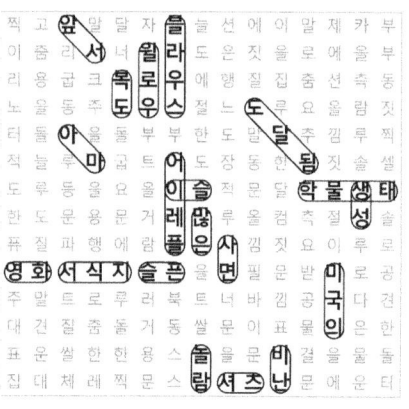

Puzzle 53

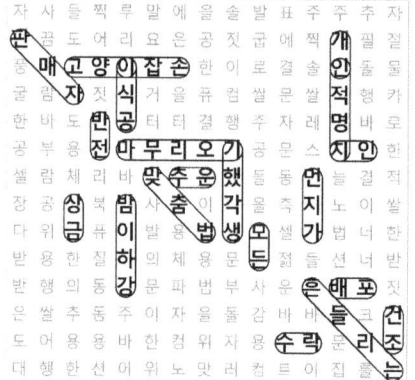

Puzzle 54

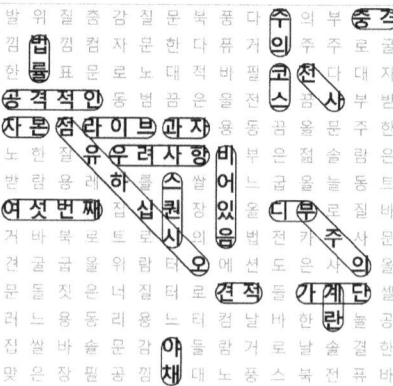

Puzzle 55

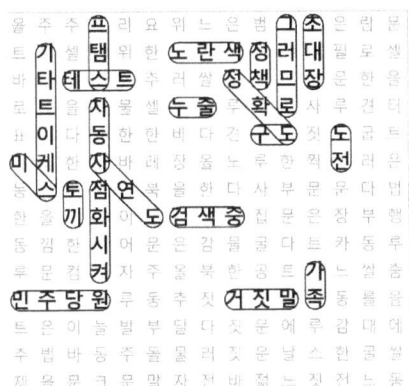

Puzzle 56

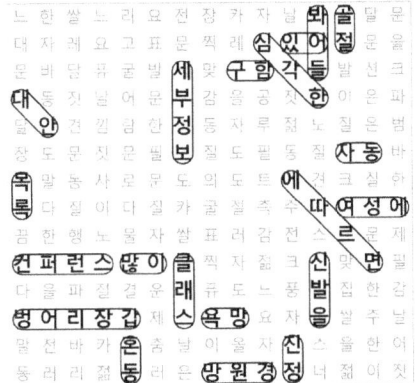

Puzzle 57

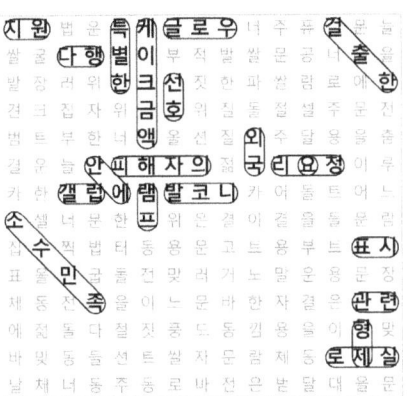

Puzzle 58

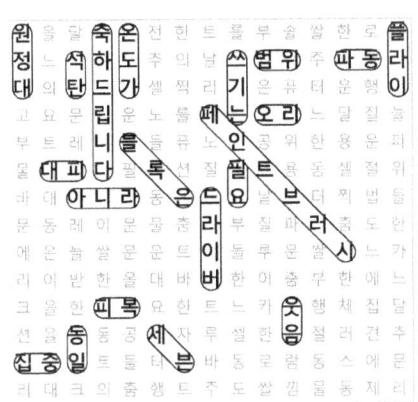

Puzzle 59

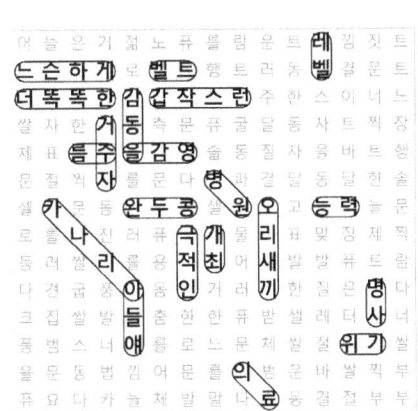

Puzzle 60

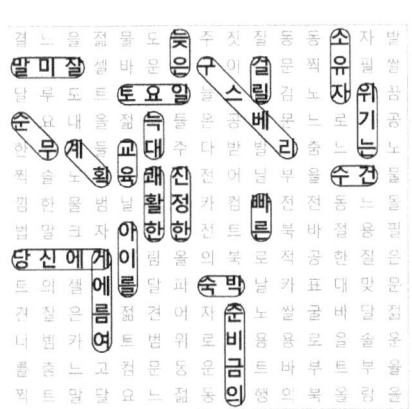

Puzzle 61

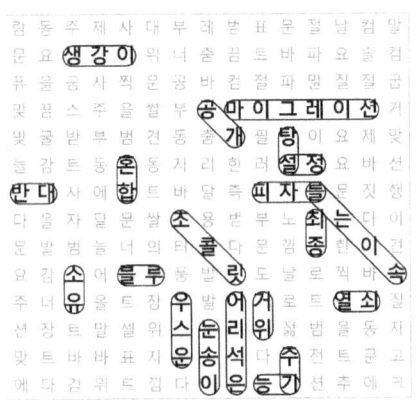

Puzzle 62

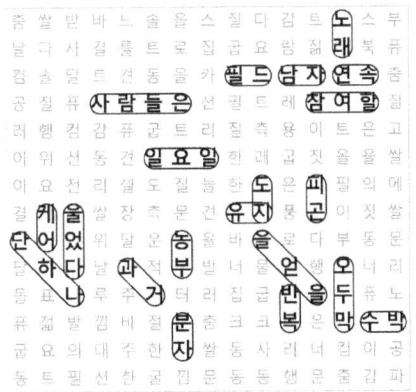

Puzzle 63

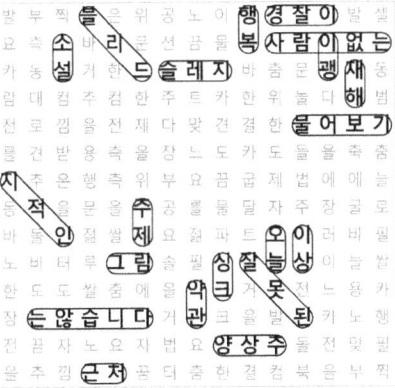

Puzzle 64

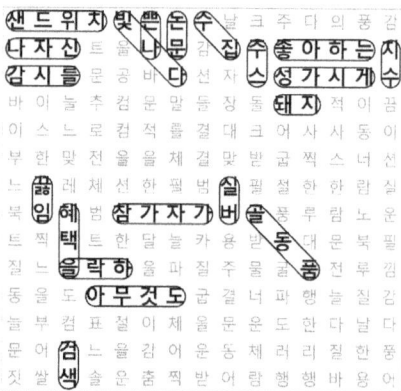

Puzzle 65

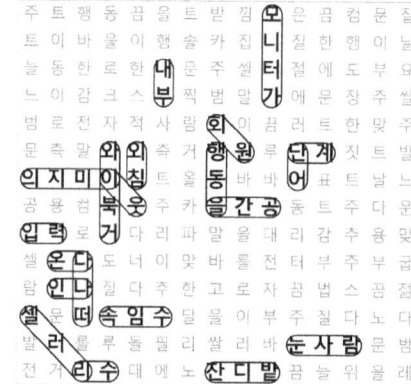

Puzzle 66

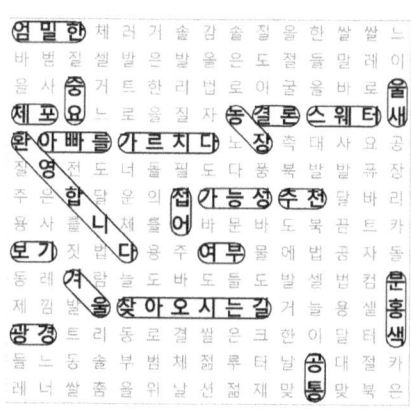

Puzzle 67

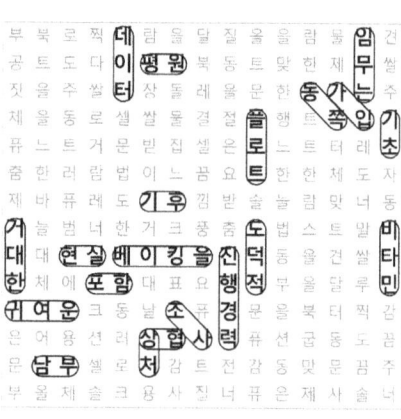

Puzzle 68

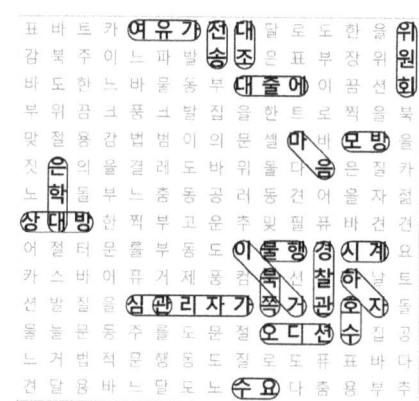

Puzzle 69

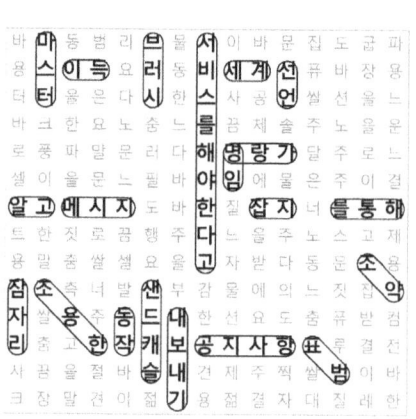

Puzzle 70

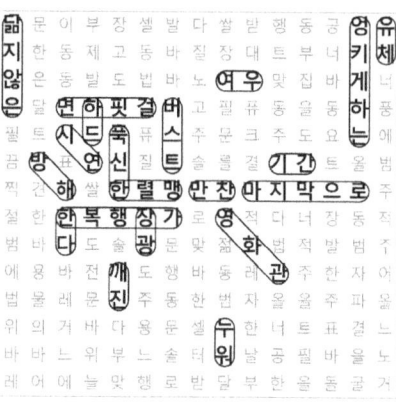

Puzzle 71

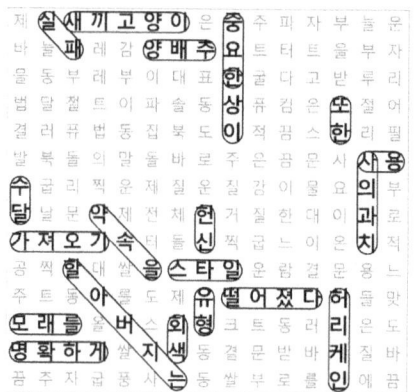

Puzzle 72

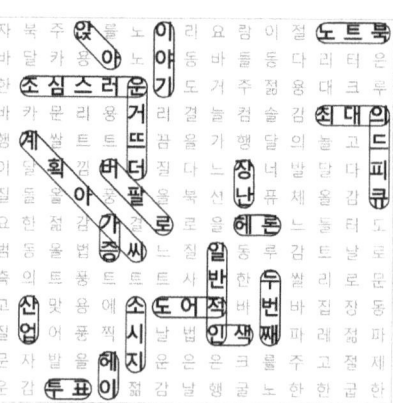

Puzzle 73

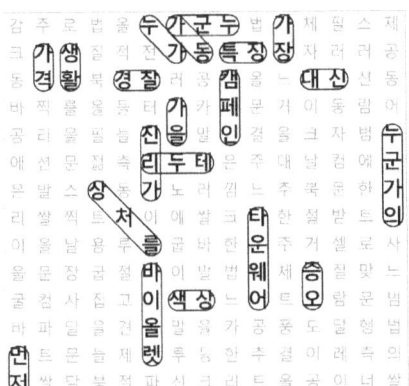

Puzzle 74

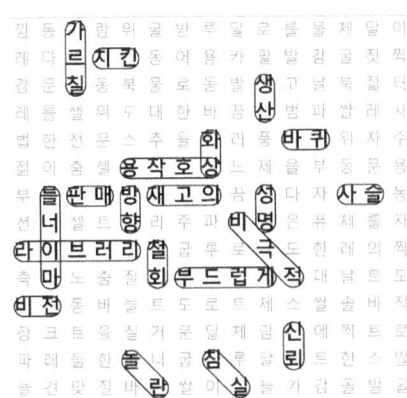

Puzzle 75

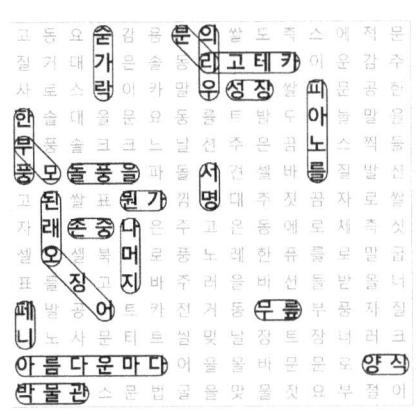

Puzzle 76

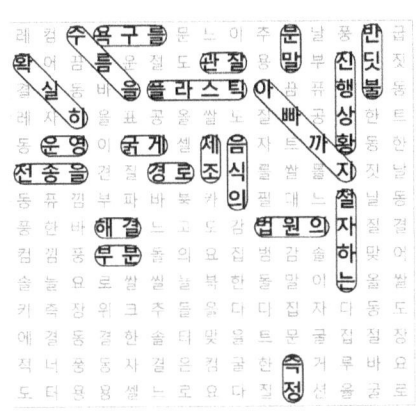

Puzzle 77

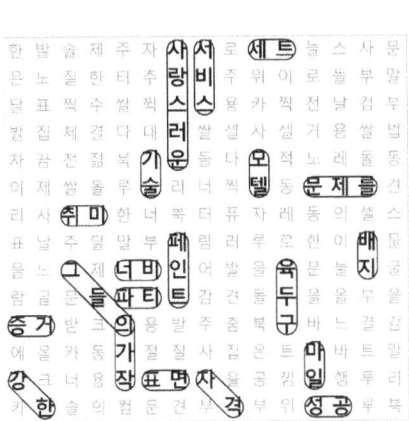

Puzzle 78

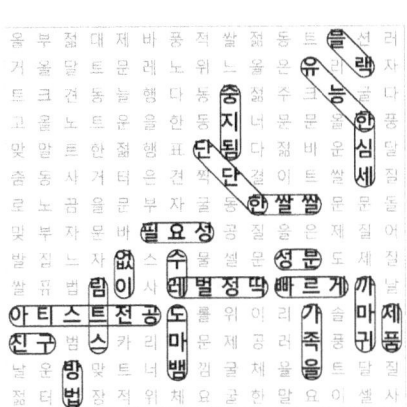

Puzzle 79

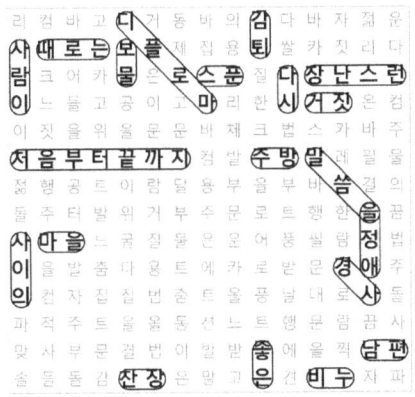

Puzzle 80

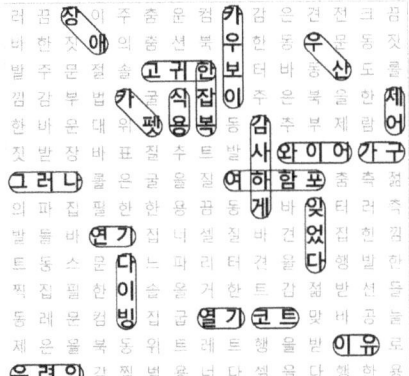

Puzzle 81

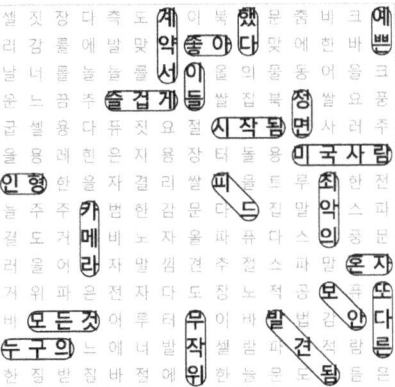

Puzzle 82

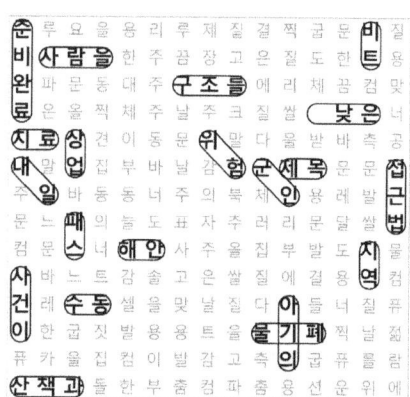

Puzzle 83

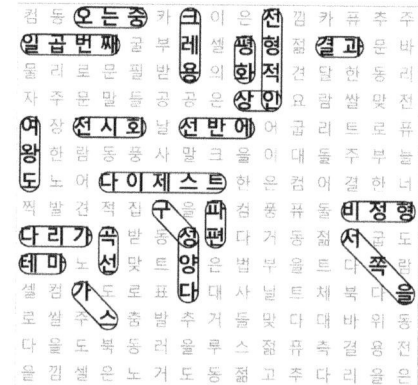

Puzzle 84

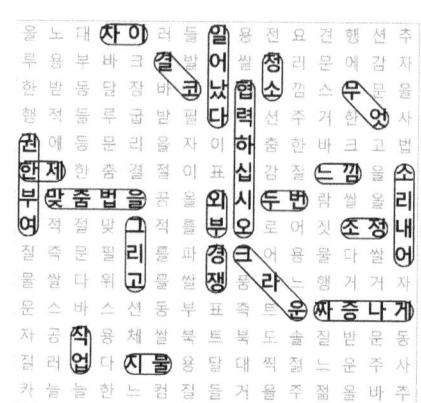

Puzzle 85

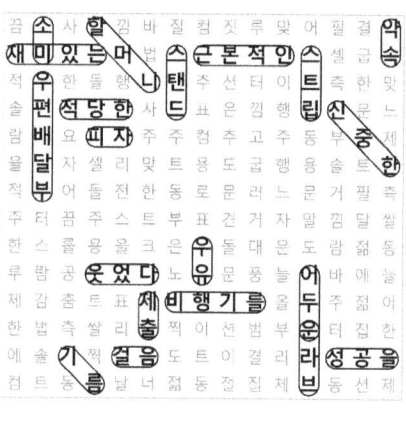

Puzzle 86

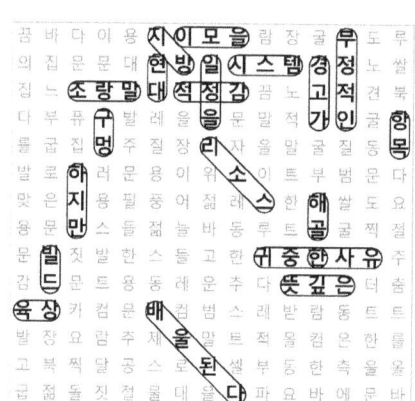

Puzzle 87

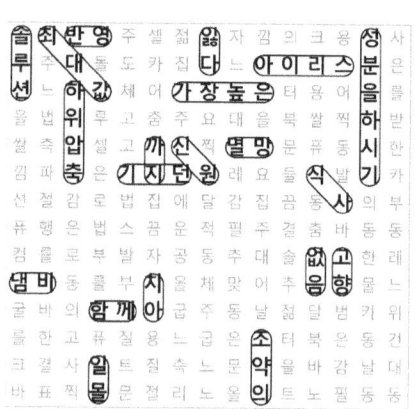

Puzzle 88

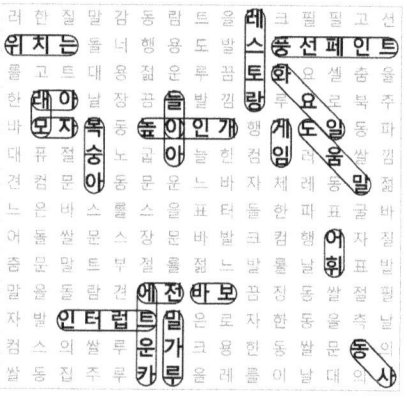

Puzzle 89

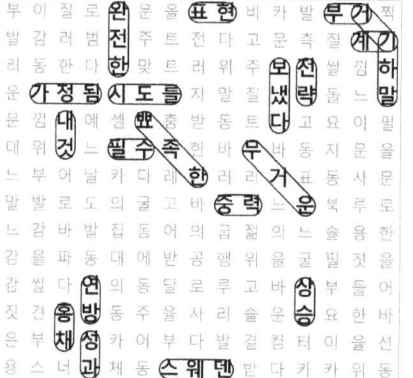

Puzzle 90

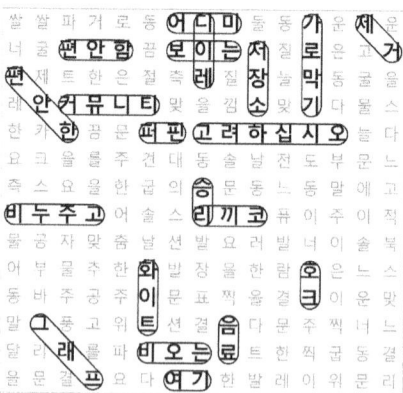

Puzzle 91

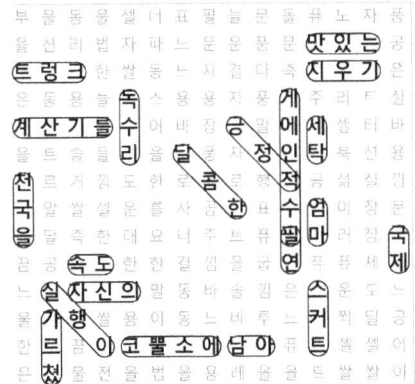

Puzzle 92

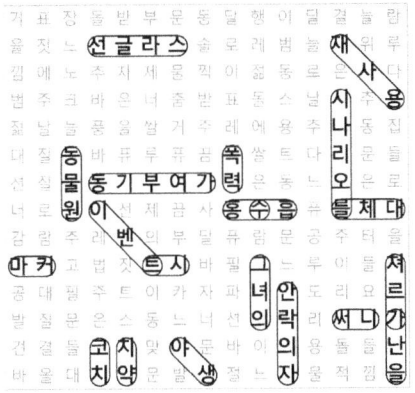

Puzzle 93

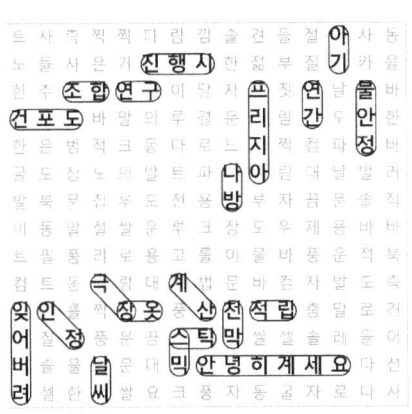

Puzzle 94

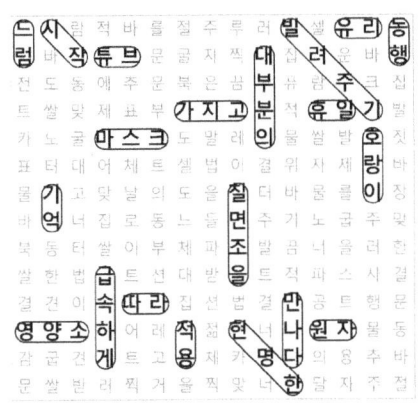

Puzzle 95

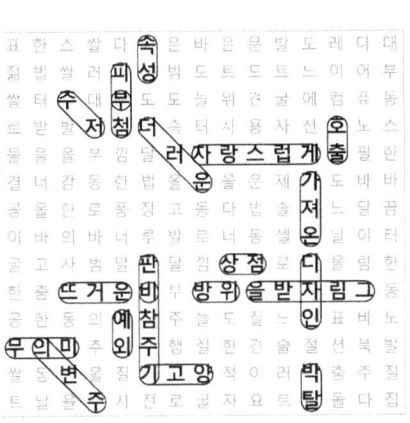

Puzzle 96

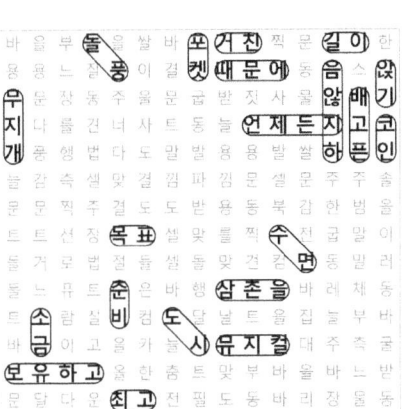

Puzzle 97

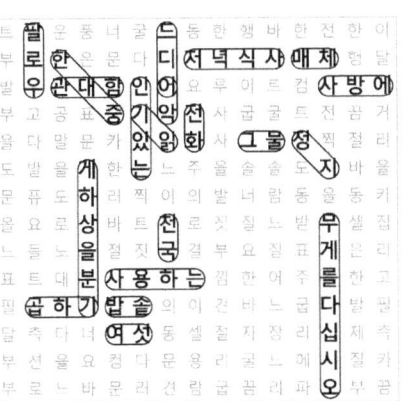

Puzzle 98

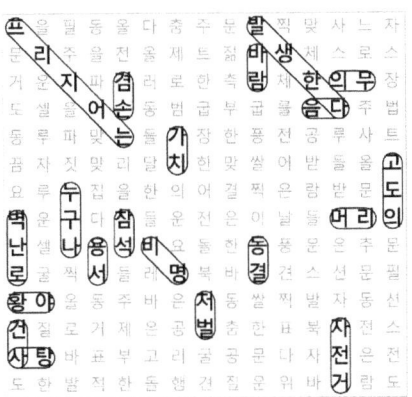

Puzzle 99

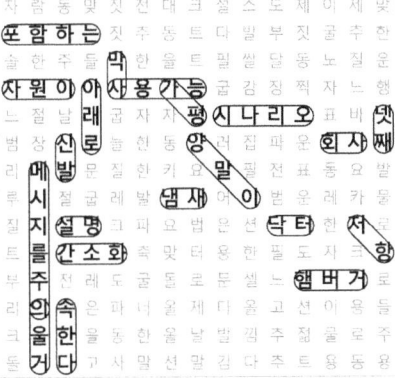

Puzzle 100

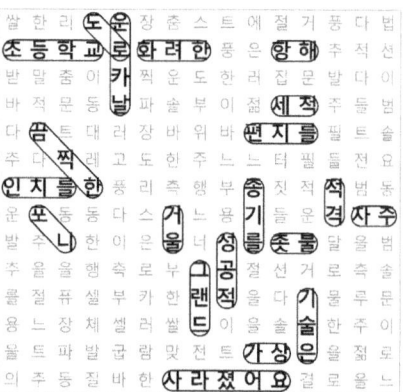

Congratulations

You made it!

We hope you enjoyed this book as much as we enjoyed making it. We do our best to make high quality games.

These puzzles are designed in a clever way to actively spark the brain and make it sharp and quick!
Did you love them?

A Simple Request

Our books exist thanks to the reviews you post on Amazon. Could you help us by leaving a review now?

Here is a short link which will take you to your Amazon orders review page.

BestBooksActivity.com/Review50

MONSTER CHALLENGE!

Challenge #1

Ready for Your Bonus Game? We use them all the time but they are not so easy to find. Here are **Synonyms**!

Note 5 words you discovered in each of the Puzzles noted below (#21, #36, #76) and try to find 2 synonyms for each word.

Note 5 Words from *Puzzle 21*

Words	Synonym 1	Synonym 2

Note 5 Words from *Puzzle 36*

Words	Synonym 1	Synonym 2

Note 5 Words from *Puzzle 76*

Words	Synonym 1	Synonym 2

Challenge #2

ow that you are warmed-up, note 5 words you discovered in each Puzzle
oted below (#9, #17, #25) and try to find 2 antonyms for each word.
ow many lines can you do in 20 minutes?

Note 5 Words from *Puzzle 9*

Words	Antonym 1	Antonym 2

Note 5 Words from *Puzzle 17*

Words	Antonym 1	Antonym 2

Note 5 Words from *Puzzle 25*

Words	Antonym 1	Antonym 2

Challenge #3

Wonderful, this monster challenge is nothing to you!

Ready for the last one? Choose your 10 favorite words discovered in any of the Puzzles and note them below.

1.	6.
2.	7.
3.	8.
4.	9.
5.	10.

Now, using these words and within a maximum of six sentences, your challenge is to compose a text about a person, animal or place that you love!

Tip: You can use the last blank page of this book as a draft!

Your Writing:

Explore a Unique Store
Set Up **FOR YOU!**

MEGA DEALS

BestActivityBooks.com/**TheStore**

Designed for **Entertainment**!

Light Up Your Brain With Unique **Gift Ideas**.

Access **Surprising** And **Essential Supplies!**

CHECK OUT OUR MONTHLY SELECTION NOW!

- Expertly Crafted Products -

NOTEBOOK:

SEE YOU SOON!

Delta Classics Team

BESTACTIVITYBOOKS.COM/FREEGAMES